주체적 삶, 전통여성

주체적 삶, 전통여성

1판 1쇄 인쇄 · 2017년 2월 10일
1판 1쇄 발행 · 2017년 2월 15일

지은이 · 이화형
펴낸이 · 한봉숙
펴낸곳 · 푸른사상

주간 · 맹문재 | 편집 · 지순이, 홍은표 | 교정 · 김수란
등록 · 1999년 7월 8일 제2-2876호
주소 · 경기도 파주시 회동길 337-16 푸른사상사
대표전화 · 031) 955-9111(2) | 팩시밀리 · 031) 955-9114
이메일 · prun21c@hanmail.net / prunsasang@naver.com
홈페이지 · http://www.prun21c.com

ⓒ 이화형, 2017

ISBN 979-11-308-1076-8 04080
ISBN 979-11-308-1075-1 04080 (세트)

값 12,000원

이 도서의 국립중앙도서관 출판예정도서목록(CIP)은 서지정보유통지원시스템
홈페이지(http://seoji.nl.go.kr)와 국가자료공동목록시스템(http://www.nl.go.kr/
kolisnet)에서 이용하실 수 있습니다.(CIP제어번호: CIP2017003003)

지식에세이

1

이화형

주체적 삶, 전통여성

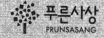
푸른사상
PRUNSASANG

책을 내면서

나는 할아버지 할머니를 뵌 적이 없다. 두 분 다 내가 태어나기 전에 일찍 돌아가셨기 때문이다. 그래서인지 자연스레 친가보다는 외가와 가깝게 지내게 되었다. 그런데 어린 시절의 내가 외가에서 늘 이상하게 생각한 것은 외삼촌들은 모두 고학력에 사회에서 전문직으로 활동하는 분들임에 비해서 이모와 어머니 두 분만 유독 평범한 주부로 사는 것이었다. 또 하나 의아했던 것은 외할머니가 두 분이나 계셨던 점이다. 두 분은 마치 자매처럼 사이좋게 지내고 계셨는데, 나중에 알고 보니 큰할머니는 어머니와 외삼촌들을 낳으신 본처였고 작은할머니는 외할아버지의 첩이었다.

미처 문제로 인식하기도 전 어릴 때 경험한 일들이나 철들면서 의아하게 느꼈던 주변의 미묘한 인간사들이 내 안의 일부를 채우기 시작했다. 더구나 개방적인 사회에서 여성의 역할이 활발함에도 불구하고 충분히 보상받지 못하고 있다는 생각은 나의 관심을 여성 쪽으로 이끌었다. 그리고 오늘날 마주하게 되는 많은 의문들이 보태져 여성을 공부하는 데 토대로 작용했고 그것을 바탕으로 이 땅의 여성들의 삶과 위상에 대한 지속적인 연구를 해왔다.

한국연구재단의 지원으로 수년간 프로젝트를 진행한 결과물인『한국 근대여성들의 일상문화』(전 9권, 2004)와『한국 현대여성들의 일상문화』(전 8권, 2005)를 출간한 것은 여성문화 연구자들에게 방대한 자료와 연구방법론을 제공한 뜻깊은 일이었다. 그 이후『뜻은 하늘에 몸은 땅에―세상에 맞서 살았던 멋진 여성들』도 저술했고, 최근에는『여성, 역사 속의 주체적인 삶』을 출간했다. 특히 이 책의 독창성은 인문학자의 일관된 시각으로 여성에 관한 다양한 영역을 다룬 여성사라는 점과, 시대를 달리하는 여성들을 '주체'라는 하나의 일관된 주제를 가지고 저술했다는 점이다.

이제 학술저서의 한계를 벗어나 누구나 가까이에 두고 읽을 수 있는 책이 필요하다는 인식 아래 한국 여성의 삶과 문화를 아홉 권으로 풀어 쓰고 함께 나누고자 한다. 이 이 아홉 권의 책은 전통여성(3권), 기생(3권), 신여성(3권)으로 분류하고, 각각의 첫째 1권에서 여성의 교육, 성과 사랑, 일이라는 큰 주제를 잡아 총체적인 틀을 세웠다.

교육은 가정에서든 기관에서든 사람을 변화시켜 인간답게 만들어준다. 어린이의 몽매함을 깨우쳐주고 젊은이의 미숙함을 성숙시키며 나이 든 사람을 지혜롭게 변모시켜주는 게 바로 교육의 힘이다. 성은 인간의 자유를 확인하게 하는 중요한 잣대이다. 윤리적 질서 안에서나마 성적 자유를 시도하거나 제도를 벗어나는 일탈도 끊임없이 일어날 수 있다. 일이 없다면 개인은 물론 사회도 불행해질 것이다. 자신의 일터에서 능력을 발휘할 때 스스로 존재감을 느끼면서 가정과 사회 발전의 밑거름이 될 수 있다. 한국 여성들의 상당수는 부족하나마 교육에 의해 각성되고 감성에 의해 개인적 자유를 누리고자 하며 이성에 의해 공동체적 책무를 다하는 주체적 인간이 되고자 노력했다.

이상의 거시적인 총론 다음으로는 몇몇 여성들의 삶을 각론(각 2권씩)으로 다룰 것이다. 전통여성 중에서는 인수대비와 신사임당을, 기생으로는 황진이와 이매창을, 신여성으로는 나혜석과 김일엽을 대표적인 여성으로 택하여 세상에 맞서 당당하게 살아갔던 여성들의 삶에 관심을 가져보려 한다.

이 여성 에세이가 이 시대를 힘들게 살아가고 있는 많은 독자들에게 '한국 여성'에 대해 관심을 갖게 하고 올바로 이해하면서 조금이나마 삶의 힘을 얻는 기회가 되었으면 한다.

2017년 2월, 봄을 기다리며

이 화 형

차례

주체적 삶, 전통여성

프롤로그

여러 명의 자식들 중에서 아들들은 원하는 만큼 끝까지 교육을 시킬 정도로 교육열이 높았던 외할아버지가 유독 두 딸에게는 한글이나 깨치고 덧셈 뺄셈이나 할 정도의 초등학교 교육만 겨우 시키고는 부모가 정한 집안에 시집을 보내는 일은 비단 우리 외가에만 국한된 일은 아니었다. 집에서 살림하고 아이들이나 기르는 것이 여자의 일이니 여자에게는 남자와 같은 고등교육이 필요 없다는 것이 불과 수십 년 전까지 우리 사회를 지배하던 여성에 대한 교육관이었다.

또한 외할아버지가 첩을 둔 일 또한 남성과 여성의 결혼과 성에 관한 우리 조부 세대의 관점을 잘 보여준다. 외할아버지는 본가와는 길 하나를 사이에 둔 가까운 곳에 작은할머니의 집을 마련해놓고 많은 시간을 그 집에서 보냈다. 그러나 정작 여러 남매를 낳은 사람은 본처인 외할머니였고 작은할머니는 한 명의 자녀도 두지 못했다. 외할아버지가 돌아가시던 날 가장 비통하고 서러운 눈물을 흘린 사람은 바로 그 작은할머니였던 것 같다. 그 눈물은 일생을 두고 의지하던 남편이 죽은 터에 앞으로 믿고 의지할 아들 하나를 갖지 못한 여자의 막막함을 그대로 보여준 것이었다. 그러나 시앗을 보면 돌부처도 돌아앉는다는 말이 있듯이 외할머니 또한 힘들기는 마찬가지였다. 그럼에도 첩을 둔 남편을 평생 정성을 다해 섬겼고 작은할머니를 너그럽게 감싸 안았던 외할머니는 내적 고통이 적지 않았다. 머리가 하얗게 센 노년이 되어서야 겨우 담배를 배워 위안을 삼고 때로는 술 한잔을 마주하고 홀로 마음을 달래던 외할머니의 쓸쓸한 모습이 여태껏 기억이 난다.

내가 어린 시절에 보았던 외가의 이러한 모습들은 바로 여성의 교육을 비롯하여 결혼과 일, 곧 여성의 섹슈얼리티와 젠더의 문제를 여실히 보여주는 사례였다. 한국 고전문학을 전공한 내가 언제부터인가 여성이라는 키워드를 내 관심 분야로 삼고 오랫동안 연구를 해온 것은 아마도 내가 비록 남자일지언정 어머니의 아들이고 아내의 남편이며 딸의 아버지라는 자리에서 여성들과 긴밀한 관계를 맺고 살아가는 까닭이기도 할 것이다.

또한 가정 밖으로 눈을 돌리면 여성과 관련된 우리 사회의 많은 현상에 대해서도 의문을 갖게 된다. 한편으로는 '여자가 뭘 하겠다고……', '여자가 재수 없이……' 등 근거 없이 여성을 비하하면서도, 다른 한편으로는 아이들이 친가보다는 '외가'에 자주 가고 '이모나 외삼촌'과 친하게 지내는 등 가정이나 사회가 여성 중심으로 돌아가는 상충되는 인식과 상황에 직면해야 했다. 남녀의 능력이나 위상만이 아닌 역할에 있어서도 혼란스럽기는 마찬가지다. 힘든 바깥일은 남성이 맡고 소소한 집안일은 여성이 맡는다는 식의 구분은 오늘날 의미가 없어지고 있다.

1970년대 중반 이후 여성학 연구가 다양하고 심도 있게 진행되는 가운데 한국 역사 속의 전통여성들의 꿈과 현실을 이해하려는 노력도 많이 있었다. 그러나 아직도 전통여성들에 대한 일반적 인식은 물론 학문적인 측면에서도 충분하지는 못하다. 이러한 문제의식을 갖고 한국문화와 여성에 대한 장기적인 관심을 바탕으로 한국의 역사적 전개 속에 드러나는 여성의 실체를 파악하기 위한 계획을 세우게 되었다. 이로써 적어도 역사 속의 여성 전체에 가부장제라는 속박의 굴레를 씌우는 우는 벗어날 수 있을 것이라 생각한다.

여성주의란 여성에 대한 차별과 억압의 원인을 파악하고 문제를 해결함으로써 여성해방을 이루고 나아가 인간해방을 실현하고자 하는 신념이나 이론으로 볼 수 있다. 이 책은 여성주의의 시각으로 전통여성들의 주체적인 삶을 밝히는 데 목표를 둔다. 특히 한국 여성들의 꿈과 현실에 해당하는 교육, 섹슈얼리티, 젠더 등을 구심점으로 고찰해보려 한다. 사회적 정의를 위한 교육, 생물학적 성으로서의 섹슈얼리티, 문화적인 젠더는 인간이 살아가는 데 필수적인 요소이다. 이 책에서는 우선 근대화 이전 전통사회의 여성에 대한 주요 역사적 사실들을 중심으로 살펴볼 것이다.

루소(1712~1778)는 "식물은 재배함으로써 자라고 인간은 교육을 함으로써 사람이 된다"고 했다. 어느 시대 어느 국가에서든 인간의 의식 수준, 활동 정도, 사회적 지위 등은 무엇보다 교육과 밀접하게 연관되어 있다. 여성교육에 대한 검토는 문화 발전의 여정 속에서 요구되는 여성상은 무엇이며 아울러 여성의 과거와 현재 사이의 차별성은 무엇인가를 추출하는 성과로 이어질 것이다.

한국의 전통여성을 이해하기 위한 첫 순서로 교육적 측면(1~2장)부터 시작하고자 한다. 사적으로 드러난 전통여성들의 교육적 상황을 비롯하여 그녀들의 교육적 가치 실현을 위한 부단한 노력과 현실적 한계 등을 진단함으로써 전통여성들의 전모를 파악하는 단서로 삼을 수 있을 것이다. 이러한 시도는 한국문화의 창조적 노력에 따른 바람직한 여성상의 모색과 함께 앞으로 여성교육이 나아갈 방향을 예측하는 데도 도움이 될 수 있다. 이를 위해 우선 교육용 자료를 살펴보고 다음으로 교육적 내용에 해당하는 정신적 규범으로서의 마음과 몸가짐은 물론 실생활 교육에 해당하는 노동의 가치 인식과 사회적 배려까지 넓혀가려 한다.

푸코에 따르면 섹슈얼리티는 성적인 욕망들, 성적인 정체성 및 성적 실천을 의미하는 것으로 성적인 감정과 성적으로 맺게 되는 관계들을 모두 포괄하는 개념이다. 젠더가 남성과 여성이 되는 사회적 조건이라면, 섹슈얼리티는 우리의 신체적 쾌락과 욕망을 표현해내는 문화적 방법이다.

이 책에서 다루고자 하는 섹슈얼리티(3~6장)란 인간의 성적인 욕망과 행위, 그리고 이와 관련된 사회적 제도와 규범을 뜻한다. 구체적으로는 요즘 사회문제가 되고 있는 성추행이나 성폭력을 포함하여 혼인, 간통, 이혼 등에 이르기까지 섹슈얼리티에 포함될 수 있는 내용은 헤아릴 수 없을 정도로 많다. 전통 여성들은 시대적 한계 속에서도 나름대로 성적 주체로서 살고자 노력했다. 그녀들은 혼인제도나 가족제도 등의 법규 안에서도 성적 정체성을 찾으려 애썼다. 실록을 비롯한 역사서에는 여성에 대한 규제를 둘러싸고 조정에서 벌어진 숱한 논쟁들이 실려 있는데 이는 곧 규제가 쉽게 성과를 내지 못했음을 의미한다. 더욱이 결혼 이외에도 성적 상대자를 선택할 수 있는 다른 가능성과 더불어 여성들은 나름의 성적 쾌락을 경험하는 경우도 있었다. 섹슈얼리티에 대한 여성적 담론을 생산해내는 것은 여성의 주체성을 획득하는 유효한 방법이라 할 수 있다. 다만 성적인 측면에서 비교적 자유로운 신분이었던 기생들은 별도의 책에서 논의할 예정이므로 여기서는 제외한다.

젠더란 여성성과 남성성에 대한 사회적 정의이며 여성주의는 일상생활에서 젠더가 수행하는 막대한 역할을 분석하는데 많은 부분을 할애한다. 여성 연구에서는 계층과 활동 영역에 대한 논의가 한쪽으로 치우치지 않는 총체적 시각이 중요하다. 특히 이러한 진단은 한국 전통여성 이해의 관건이 될 수 있다.

이 책에서는 젠더적 관점(7~10장)을 중심으로 전통여성의 역할과 위상을 복원하려 한다. 기본적으로 여성들에 관한 문헌 자료가 부족하므로 자료를 확보하는 노력이 시급하며, 그동안의 전통여성 연구도 조선시대 이후에 집중되어 있으므로 역사적 관심을 시대 전반으로 확장해나가야 한다. 상세한 신분별 고

찰은 한국 전근대 여성에 대한 억압적 측면의 지적에 치중하거나, 특정한 계층을 한국 여성 전체로 일반화시키기 쉬운 문제를 해소하는 대안이 될 것이다. 그리고 생산적 활동 검토에서는 여성에게서도 남성 중심으로만 고찰해왔던 다양한 능력을 찾아냄으로써 진정한 의미에서의 한국 여성의 특성을 밝힐 것이다.

따라서 젠더적 시각을 논의의 중심에 두되, 일반적으로 여성주의 이론이 기반한 가부장제에 대한 저항이나 여성주의 비평이 핵심으로 삼는 여성의 억압 문제에 치중하기보다는 역사적 사실에 더 충실하게 접근하여 구체적으로 주체적 삶을 드러내는 데 의의를 두고자 한다.

1
여성교육의 자료

인류의 역사를 살펴볼 때 동서양을 막론하고 여성은 남성과 다른 차별적 교육을 받아왔다. 우리나라 여성도 제도적인 학교교육의 혜택을 거의 받지 못함으로써, 여성교육은 가정을 중심으로 한 비형식적인 교육으로 이루어졌다. 조선시대에 예절, 서화 등의 정서교육의 혜택을 받은 일부 양반계층의 여성들조차 가정교육에 국한될 수밖에 없었다. 따라서 가정에서 이루어지는 교육은 학교만큼 체계적일 수 없고 교육 자료가 충실하지 못했다. 그러나 나름의 많은 교육 자료들이 있어 여성들의 인격과 생활에 대한 욕구를 채워주었다.

■ 가정교육을 통한 부도 실천

고려시대까지는 제도적으로 여성교육의 필요성이 두드러지게 언급되지도 않았을 것이고 여성교육의 내용에 제약이 많지도 않았겠지만, 유교를 건국이념으로 하는 조선조에는 여성교육의 필요성을 역설은 하되 가정에서의 부도(婦道) 실천에 의의를 둔 반면 여성들이 학문을 닦는 것은 부도에 어긋나는 일로 여겼다. 『논어』(양화편)에 나오는 "여자와 어린애는 기르기가 매우 어려우니 조금 가까이하면 공손치 않고 그렇다고 조금 멀리하면 원망을 하게 된다."는 말이나 『천자문』에서 언급하는 "여자는 정절을 사모하고 남자는 재주를 본받는다."고 하는 말이 자연스럽게 수용되던 시대였다. 조선 사회는 대체로 남존여비 사상에 따라 '여자가 너무 똑똑하면 복이 없다'는 구호와 함께 여성의 지적인 교육은 뒷전에 두었다.

성군으로 추앙받는 세종대왕(1397~1450)도 실록에 따르면 세종 19년(1437) 11월 12일 경연 자리에서 중국의 부녀자들은 문자를 알고 있어서 정사에 참여하여 나라를 그르치기도 하는데 우리나라 여성들은 문자를 알지 못하므로 다행이라고 했다. 많은 유학자들이 여성을 비하하는 입장에서 여성의 지적인 교육에 대해 무용론을 들고 나왔으며, 학문이 깊고 훌륭한 인품을 지녔던 이익(1681~1763)도 『성호사설』(인사문)에서 독서와 강의는 남자가 할 일이요, 부녀자가 이를 힘쓰면 그 폐해가 많다고 한 바 있다. 이렇듯 조선 후기에 이르기까지 여성과 관련 유교적인 부도를 가장 중요한 가치로 인식하면서 여성이 순수하게 학문을 하거나 지식 차원의 교육을 받는 데에는 부정적인 입장이었다. 따라서 부덕의 함양을 위해서는 굳이 형식적인 교육기관이 필요 없고 가정에서의 교육만으로 충분하다고 생각했을 것이다. 아울러 여성의 가정교육이 엄해진 것도 사실이다.

이러한 여성교육 인식은 전근대 사회에서는 어느 나라의 교육사에서나 찾아볼 수 있는 일반적 현상이다. 더욱이 조선시대 내외법의 원조가 된 『예기』(내칙)에 나오는 "일곱 살이 되면 남녀는 자리를 함께하지 않는다."는 윤리관 아래 여성의 외출이 제한되는 터에 여성의 제도적 교육기관이란 상상하기 힘들었을 것이다. 남녀유별을 강조하는 유교적 사회윤리에 따라 『예기』(곡례)나 『내훈』(언행장) 등에서 구체적이며 지속적으로 "남녀는 한자리에 섞여 앉지 말고, 횃대에 함께 옷을 걸지 않으며, 수건 또는 빗을 같이 쓰지 않아야 한다."고 주장해왔다. 무엇보다 '조선의 주자'를 꿈꾸었다는 우암 송시열(1607~1689)은 『계녀서』*

---

*   이 책은 조선을 대표하는 유학자인 우암 송시열이 시집가는 장녀에게 지어준 한글 저술로서 조선에서 남성이 쓴 최초의 전문 여성교육서라 할 만하며, 다른 책에

를 통해 "남자와 여자는 사촌 또는 오촌 간이라도 열 살 이후는 한 자리에 앉지 않는다."라고 좀더 확고하게 남녀관계를 윤리적 관념에 의해 규정지었다.

대석학이던 농암 김창협(1651~1708)의 딸 김운(1679~1700)은 어려서부터 아버지에게 학문적 자질을 인정받고 집에서 부지런히 교육을 받았다. 그런데 그녀가 오진주(1680~?)에게 시집을 갔다가 나이 스물두 살 때 다섯 살 된 아들을 남기고 요절하고 말았다. 세상을 떠나기 전에 "나는 여자라 후세에 이름을 남길 방도가 없으니 아버지보다 먼저 죽어서 아버지가 내 묘지명을 지어준다면 그것이 차라리 더 낫겠다."고 말했다. 가까이에 있는 딸이 총명하고 지혜로워 아버지에게는 사는 즐거움이 있었고 가르치는 재미가 있었다. 그러나 부친으로부터 경전 및 시서를 배우며 적극적으로 교육을 받을수록 딸 김운에게는 갈증이 일었을 것이다. 유언을 통해 세상을 이롭게 할 보다 체계적이고 깊이 있는 학문과 교육을 원했던 그녀의 속마음을 읽을 수 있다.

개항 이후 서구문화와 신교육제도가 도입됨에 따라 여성의 사회적 참여와 지위 향상에 대한 관심과 함께 체계적이며 제

비해 여러 종류의 필사본이 널리 퍼져 전하고 있는 것으로 보아 조선시대의 대표적인 여성교육서라 할 수 있다.

도적인 여성교육의 필요성에 대한 인식이 점차 뿌리를 내리면서 학교의 설립과 더불어 여성교육의 기회가 크게 확대되었다.

■ 조선 전기 이념적 저술

고대 가정에서 여성들을 가르치기 위해 사용했던 교재가 무엇이었는지 자세히 알 수는 없다. 다만 삼국시대에는 중국의 유교 경전을 비롯하여 중국 역사상 최초로 개인 저술을 남긴 여류 사학자라는 후한의 반소(45~117?)가 지은『여계』등에 의해 교육되었으리라 짐작한다.『한서』를 편찬한 반고(32~92)의 여동생인 반소는 14세에 조세숙에게 시집갔으나 몇 년 만에 남편을 여의고 홀로 남아 황실 여성들의 스승이 되어 존경을 받으며 '조 대가'로 불렸다. 고려시대에도『여계』와 함께 당 태종의 비 문덕왕후(601~636)가 지었다는『여칙』과 같은 책들이 주로 상류계층의 여성들 사이에서 읽혔을 것이다.

조선조에 이르러 위대한 교육학자라 할 수 있는 퇴계 이황(1501~1570)이 여성에게 문학 공부를 시키는 것은 옳지 못하다고 하면서도 여성에게 교육이 필요함을 주장했듯이 여성교육의 중요성이 논의되기 시작했다. 1544년에 나온 이황의『규중요람』은 사대부 집안의 여성으로서 갖추어야 할 윤리도덕에서부터

일상생활에 필요한 내용에 이르기까지 아주 상세하게 다루고자
했다. 조선시대가 되어 여성교육 관련 저술도 양적인 면에서 많
아지기 시작했다. 그러나 아직 교육방법이 주로 어머니나 할머
니로부터 언행을 통해서 이루어지는 경우가 많았고 조선 초기
까지 문자나 책을 통한 교육이 미미한 편이었다.

한편 여성교육에 대한 관심이 확산되고 교육자료의 필요
성이 대두되면서 저서의 양은 늘어났으나 조선의 일반 여성들
로서는 이해하기 어려웠다. 『여계』, 『여범』, 『열녀전』, 『명심보
감』, 『소학』 등 대부분의 여성 관련 교육서가 중국에서 들어온
것이기 때문이다. 이 가운데 『열녀전』은 전한의 대표적 경학자
인 유향(BC 77~BC 6)이 모범적이거나 경계해야 할 여성 106명
의 행적을 기록한 책으로 유교적 여성관을 본격적으로 다룬 최
초의 교훈서라 할 수 있다. 『소학』은 12세기 후반 남송의 대학자
주희(1130~1200)와 그의 제자 유청지(1134~1190)가 공동 편찬
한 저술로서 조선시대 선비들의 필독서이자 아동교육에 관련된
서적인데 이 책의 맨 앞부분에 태교에 관한 내용이 실려 있다.
이 밖에도 중국에서 들어온 여성교육 관련 전적으로는 『내훈』,
『여교명감』, 『여교서』, 『여논어』, 『여사서』, 『여효경』, 『여훈』 등이
있다.

다행히 성종 6년(1475) 인수대비(1437~1504)는 『열녀전』,

『명심보감』, 『소학』, 『여교』 등의 책을 참고로 조선의 실정에 알맞은 『내훈』을 짓기에 이르렀다. 우리나라 여성교육의 개척자라고 할 수 있는 그녀는 위 중국 책들에서 긴요한 대목들을 발췌하여 한글로 번역하고, 어려운 한자어나 내용은 주석을 첨가하여 자신이 의도대로 엮었다. 우리나라 최초의 전문 여성교육서라 할 이 『내훈』은 세종 때 발간된 『삼강행실도』와 함께 당시 여성교육의 기본서가 되었다. 『삼강행실도』는 1434년 집현전 부제학 설순(?~1435) 등이 왕명에 따라 조선과 중국의 책에서 삼강의 모범이 될 만한 충신 · 효자 · 열녀를 각각 35명씩 모두 105명을 뽑아 그 행적을 그림과 글로 칭송한 책이다. 『삼강행실도』는 세종 때부터 철종 때까지 무려 17차례나 간행되었으며, 『내훈』도 영조 12년(1736)까지 5차례 출간되었을 정도로 조선시대 상당한 영향력을 미쳤다. 그 이전에도 개국공신인 조준(1346~1405)이 청상이 된 장녀에게 지어준 『계녀약언』이 있고, 1459년(세조 5) 세조가 이극감(1427~1465)과 홍응(1428~1492)에게 명하여 찬술토록 하고 1532년(중종 27)에 최세진(1468~1542)이 언해하여 간행하게 된 『여훈』도 있었다.

대체로 조선 전기에는 유교이념의 실천을 유도하는 저술들이 주류를 이루었다. 실제로 여성들이 이용한 교육자료를 자세히 살펴보면 이런 현상이 잘 드러나며 무엇보다 유학적 경서

를 비롯하여 부덕의 함양에 관련된 서적들이 많음을 확인하게
된다. 즉 궁중의 비빈들은 물론 일부 양반집의 여성들은 유교
적인 교양과 인간적인 덕성을 쌓기 위해『대학』,『논어』,『맹자』,
『중용』,『시경』,『서경』,『사기』,『소학』 등의 책을 읽었다. 비교적
생활에서 지켜야 할 도리나 실용적인 내용보다는 국가적으로
추진되는 열녀상의 구현이 중시되면서 여성교육의 텍스트는
대부분 이 분야의 중국 책 또는 그 번역서였다.

■ 조선 후기 생활적 저술

조선 중기에 들어서서 가부장적 사회규범을 비롯해 실생
활에 필요한 내용의 교육서들이 사대부 집안에서 많이 저술되
었다. 즉, 조선 전기에 국가의 주요 이념이나 정책을 펼쳐나가
는 데 필요한 교육서들이 주류를 이루었던 것과 달리 중기 이후
에는 가문을 대표하는 학자나 지식인들이 자신의 개인적 소견
이나 경험을 바탕으로 여성의 생활 전반에 알맞은 내용을 중심
으로 한 교육서가 많이 출간되었다. 대표적인 것으로 송시열의
『계녀서』를 비롯하여 한원진(1682~1751)의『한씨부훈』, 조관빈
(1691~1757)의『계자부문』, 이덕무(1741~1793)의『사소절』(부
의) 등을 들 수 있는 바와 같이 17세기 이후로 남성 학자들에 의

해 여성교육서가 본격적으로 저술되었다. 『계자부문』은 새로 맞은 며느리에게 주는 경계의 글이었다

한편 여성교육에 관련된 저술에 여성 지식인들의 참여가 두드러졌는데, 대표적으로 김만중의 어머니 해평 윤씨(1617~1689)가 지은 『규범』, 사도세자의 생모 영빈 이씨(?~1764)가 지은 『여범』, 유희의 어머니 사주당 이씨(1739~1821)*가 지은 『태교신기』, 서유구의 형수인 빙허각 이씨(1759~1824)가 지은 『규합총서』 등의 저술이 있다. 영빈 이씨의 『여범』은 『여사서』의 『여범첩록』 부분을 대폭 확장한 것으로 문학성이 강한 저술이다.

문화 부흥에 역점을 두었던 영조(1694~1776)는 왕권 강화를 목적으로 왕실 여성들을 위한 여성교육서를 많이 내게 되었다. 1734년(영조 10) 홍문관 제조 이덕수(1673~1744)가 국역한 『여사서언해』는 청나라 초기 왕상이 후한 반소의 『여계』, 당 송약소의 『여논어』, 명 인효문황후의 『내훈』, 자신의 모친 왕절부 유씨의 『여범첩록(일명 여범)』을 하나로 묶은 『여사서』를 번역한 책으로 서문은 영조가 썼다. 1736년(영조 12)에는 인수대비의 『내훈』에 영조 자신이 직접 짧은 견해를 붙여 『어제내훈』이라는 이름으로 다시 간행하여 교육에 활용하도록 했다.

---

* '사주당(師朱堂)'이라는 당호는 성리학을 완성한 송나라 주희(1130~1200)를 스승으로 삼겠다는 의미에서 쓴 이름이다. 이사주당은 이창식의 딸이요 유한규의 부인이다.

김종수(1728~1799)의『여자초학』, 박문호(1846~1918)의
『여소학』도 간행되었다. 김종수가 딸에게 지어준『여자초학』에
는 집안 족보서부터 전국 지리, 관직 품계, 과거 목록까지 수록
되었는데, 보통 경서나 언행록에서 발췌 인용하는 계녀서의 경
향에 비추어 자신의 생활 주변에서 취한 내용을 기술했다는 점
에서 의의가 있다.『여소학』은 남녀차별을 극복하는 데 주력한
박문호가 고종 때 부녀자들에게 필요한 글을 모아 한글로 번역
한 책으로 최초의 본격적인 근대 여성교육서라고도 불린다.

이 밖에 간행된 교육서로는『규감』,『규문궤범』,『규범요
감』,『녀교』,『명황계감언해』,『사녀수지』,『어제여사서』,『어제여
사서언해』,『여자소학』,『여학』,『오륜행실도』,『이륜행실도』,『정
속언해』등이 있었다. 한편『규곤의칙』,『규문대흑』,『규문보감』,
『규방필독』,『내정편』,*『녀계약언』,『녀ᄌ초학』,『일심공덕』등
한글 전용의 교육서들도 많았다. 한문본이나 언해본들은 대개
관념성이 짙고 일반 부녀자를 대상으로 하는 성격이 강한 데 비
하여 한글 전용으로 된 교육서들은 보다 체험적이며 특정한 대
상(딸)을 위한 성격이 강하다.

---

*   일찍이 과거를 단념하고 학문 연구와 후진교육에 전념하였던 권구(1672~1749)가
저술했다는『내정편』은 송시열의『계녀서』와 비견되는 것으로 후일 내방가사의 발
달에 영향을 미쳤을 것으로 추정된다.

한말 언론인으로 활동한 애국지사 장지연(1864~1921)은 조선시대의 중인·하층민들의 전기를 모은『일사유사』를 편찬했는데, 이는 국한문혼용체로서 어머니들이 참고할 만한 내용이 많다. 1927년 민속학자 이능화(1869~1943)가 지은『조선여속고』는 한문으로 된 본문에 한글로 토를 달았는데, 이 책에는 여성 관련 저술『후비명감』,『삼강행실』,『소학언해』,『오륜행실』,『언문여사서』,「경민편」,「권민가」등이 소개되고 있다.

이와 같이 조선시대 여성들을 위한 교육서가 많았는데, 대체로 유교를 교육의 기본 이념으로 채택하면서 전기에는 정절을 강조한 데 비해, 후기에는 실생활에 관한 여성의 모든 것들을 교육의 내용으로 삼았다. 특히 전문직에 속하는 궁녀들의 경우 윤리교육서인『동몽선습』,『소학』등과 여성 수신서인『내훈』,『열녀전』,『여사서』등의 공부를 통해 관리로서의 기본 소양과 궁중예절 등을 익혔다. 역시 전문직 여성으로서 의녀들은『천자문』,『효경』등으로 한문을 공부한 뒤 환자를 치료하고 간호하기 위한 의학서적을 읽고, 인명을 다루기에 합당한 덕을 갖추기 위해 사서(四書)를 배우기도 했다.

2
여성교육의 내용

여성들은 어릴 때부터 교육 관련 저술이나 어른들의 가르침을 통해 많은 것을 배웠다. 송시열의『계녀서』에서는 "사람이 대체 교만하지 아니함이 큰 덕이니 미천한 사람을 보되 깔보지 말고 추워하고 굶는 사람을 가벼이 여기지 말지라."라고 언급하고 있다. 사회적 약자의 배려를 촉구하며 공공성을 고취시키는 이러한 내용들은 우리의 소중한 선비정신과 다르지 않으며 홍익인간의 정신과도 통한다. 결국 우리 여성교육의 내용은 "도리를 닦는 것이 교육"이라는『중용』의 말을 연상시키며, 새삼 교육목표의 진정성을 돌아보게 한다. 여성교육서에는 인격체로서 수용하고 실생활에 활용할 만한 교육내용이 많다,

■ 정절과 충성

송시열은 『계녀서』에서 "여자가 지아비 섬기는 중 투기하지 않는 것이 으뜸 행실이니, 일백 명의 첩을 두어도 본 체 만 체하고 첩을 아무리 사랑해도 성내지 말고 더욱 공경하여라."라고 적고 있다. 물론 가부장제에서 나온 매우 불합리한 교육내용으로 당시에도 현실적으로는 상당한 저항에 부딪혔다. 전통사회 많은 여성들이 남편의 비윤리적이고 반사회적인 언행에 대해 충고하고 조언했던 것도 사실이지만, 이처럼 이념적 또는 표면적으로는 남편에 대한 순종이 강조되었다.

여성들은 남녀유별에 대해서 어려서부터 교육을 받았으며, 이와 관련된 여성의 정절은 고대사회 때부터 미덕으로 인식되어왔다. 2세기 백제의 도미 부부는 서로 사랑했는데, 특히 도미의 아내는 광포한 개루왕(?~166)을 용기와 지혜로 희롱하며 정절을 끝까지 지킴으로써 우리 역사에 기록된 최초의 정절 여성의 모델로 지금까지 회자되고 있다. 그리고 신라의 도화녀는 유혹과 위협으로 다가오는 진지왕(?~579)에게 목숨을 던져 정절을 지켰다. 고려시대에도 외침이 있을 때마다 죽을힘을 다해 절조를 지킨 여인이 많았다. 예컨대, 경산에 사는 이동교의 아내 배씨는 1380년 왜적이 경산에 침입하자 젖먹이 아이를 안고

도망가다 강물이 불어 건널 수 없자 아이를 강기슭에 놓고 강물로 뛰어들어 왜적의 회유에도 불구하고 맞서다 화살을 맞고 죽었다(『도은집』).

물론 정절교육이 여성들의 행동을 적극적으로 규제할 수는 없었다. 중국의 『삼국지』에서는 우리의 삼국시대 남녀들이 밤에 모여 즐기는 풍속이 매우 음란했다고 말하며, 송의 『선화봉사고려도경』이나 『계림유사』에서는 고려의 내외법이 엄하지 않아 남녀가 개천에서 함께 목욕을 했다고 전한다. 고려 말에는 남녀관계가 상당히 문란하기까지 했다. 그러나 고대사회부터 간통은 엄격한 규제 대상이 되어 쌍벌죄로 남성도 간통죄의 적용을 받았다. 다만 서양과 마찬가지로 남성과 달리 여성이 부정(不貞)을 저지른 경우 이혼의 결정적 요인이 되었다. 이황의 『예안향약』에 의하면 남자의 경우 과부를 강간한 자는 매우 무거운 벌로 다스렸으나 유부녀와의 간통 외에는 죄가 성립되지 않았던 데 비해, 유부녀가 음란한 행동을 하면 '자녀안(恣女案)'에 기록한 뒤 신분을 종으로 낮추었다. 다시 말해 고려시대부터 간통한 여인은 음행녀 명부인 자녀안에 올리고 바느질하는 노비로 삼았다.

가정에서의 여성교육이 활발해지기 시작한 조선 전기에 이르러 더욱 정절을 미덕으로 여기게 되었다. 세종(1397~1450)

때 경북 청송에 사는 가이라는 양가의 딸이 집에서 거느리는 사노 부금과 혼례를 올리고 자식까지 낳았다고 하는데, 양인 여자와 천인 남자의 혼인은 간통에 해당하는 것이다. 이에 세종 16년(1434)에는 『삼강행실도』를 편찬하여 모든 여성들에게 정절의 덕을 고취하고 행실을 교화하고자 했다. 마침내 성종 8년(1477)에 실록을 통해 "굶주려 죽는 일은 작은 것이고, 절개를 잃는 일은 큰 것이다."라고 경고한 뒤 성종 16년(1485)에는 정절에 관한 내용이 법제화되기까지 했다. 즉 통치의 기틀을 완성한 성종(1457~1494)은 『경국대전』에 "재가녀 자손은 과거에도 응시할 수 없다"는 규정을 넣었다. 당연히 상소가 잇따르고 조정의 의논이 분분했다. 이처럼 국가 차원에서 각종 교육서를 편찬해 정절의 가치와 함께 정절 여성의 사례를 널리 알림으로서 정절 의식의 대중화를 꾀하고, 법규와 제도를 통해서 음란 행위를 감시하고자 한 점에 주목하게 된다.

간통에 대한 강력한 응징은 혼인제도의 성립과 함께 이루어졌다. 즉 혼인제도가 확립되기 전인 조선 전기까지는 자유로운 연애가 가능하여 간통이 허용되는 편이었다. 성종조 통치 체제가 정비됨에 따라 결혼 이외의 성관계는 모두 간통으로 간주하였다. 그러니 최고의 종실 어른으로 통하던 효령대군 (1396~1486)의 손자인 태강수(정4품) 이동의 처였다가 음탕하다고 쫓겨난 뒤 더욱 방자해져 수십 명의 남자들과 간통했던 어우동(?~1480)이 극형에 처해지는 것은 예상되는 일이었다. 정을 통한 뒤 등이나 팔에다 사랑하는 자의 이름을 새기기까지 했던 어우동은 실록에 가장 많이 등장하며 성종 때만 해도 어전회의에 25회 이상 이름이 오르내렸다. 그녀는 승문원 지사(종 3품) 박윤창의 딸로 왕족에게 시집을 갔던 지체 높은 집안의 여성이자 여류시인이었다.

중종 이후 국가는 백성들의 자발적인 수절을 이끌기 위해 정표정책을 실시하게 되었다. 조선 후기 열녀들 숫자에서 평민(천민 포함)이 증가하고 있는데, 이는 국가가 장려하는 정절이데올로기의 파급 효과도 있겠지만 상층문화에 진입하고 싶어 하는 평민들의 욕구에도 기인한다. 신용개(1463~1519)*가 편찬한『속삼강행실도』, 신정·유항(1574~1647)이 번역한『유향열녀전언해』, 유근(1549~1627) 등이 편찬한『동국신속삼강행실도』, 이병모(1742~1806) 등이 편찬한『오륜행실도』등의 간행에서도 정절 장려 분위기를 충분히 느낄 수 있다.『동국신속삼강행실도』는 임진왜란 이후 피폐해진 국가적 도의를 회복시키기위해 광해군 9년(1617)에 편찬한 것으로『삼강행실도』와『속삼

---

* 　신숙주의 손자인 그는 김종직의 문인으로서 투옥되었으며 강직한 성품으로 유배
　되기도 했다.

강행실도』의 속편이다.

고려 말 몽골족의 침입으로 여성들의 고난이 극에 달하던 때부터 열녀들이 등장했다는『고려사』(열녀편)의 기록이 있다. 물론 '열녀'라는 용어는 조선시대의『삼강행실도』에 처음 나오며, 고려시대에는 수절하는 부인을 가리켜 '절부(節婦)'라는 용어가 쓰였다. 아내 사후에 의리를 지키는 남편은 '의부(義夫)'라 불렀다. 절개를 목숨보다 귀하게 여기는 정절관으로 인해『삼강행실도』에는 여관 주인이 아무 사심 없이 팔을 잡았는데 그 팔이 더러워졌다고 도끼로 잘라버리는 여인의 이야기가 나온다. 『지봉유설』(절의조)에 의하면 임진왜란 때 왜군에게 쫓기던 부인이 있었는데 피난민으로 가득 찬 배에 오를 수 있도록 사공이 도와주자 외간 남자에게 손을 잡혀 절개를 잃었다며 강물에 몸을 던진 일화도 있다. 현종 12년(1671)의 실록에 의하면 역관 정신남의 딸은 아직 미혼인데, 정축년(668) 전란을 피해 달아나다 미처 배에 오르지 못했을 때 어떤 사람이 잡아당기려 하자 "내가 손을 당신에게 준다면 피난할 게 뭐가 있겠는가?"라고 말한 뒤 스스로 물에 빠져 죽었다.

이런 극단적인 절행은 매우 많았다. 사주단자만 받아놓은 상태에서 정혼자가 죽은 여성이 처녀과부가 되어 평생 수절하고 살아야 했다. 1737년 실록(영조 13년)에 의하면 창녕에 사는 여자 문옥이는 팔촌 친척인 문중갑과 17세 동갑이었는데, 둘이 나무를 하다가 문중갑이 겁탈하려 하였다. 문옥이는 같은 성씨임을 들어 꾸짖고 옷소매를 떨치고 돌아와 울면서 그 상황을 언니에게 말하고는 몰래 비상을 구해 마시고 죽었다.

『동국신속삼강행실도』에 따르면 임진왜란 때의 전국의 충신·효자·열녀 총 434명 중에 열녀가 356명을 차지했다. 양란을 겪은 후 윤리기강의 회복 차원에서 정절은 더욱 강조되어 재혼한 여자가 가족에 의해 살해되기도 했다. 정조 7년(1783) 정월 23일에 국가에서 표창한 것을 보면, 충신 2명, 효자 7명, 열녀 60명으로 열녀가 단연 압도적이다. 이수광(1563~1628)은 조선의 네 가지 자랑 중의 하나가 여성의 절개라고 했고, 이익(1681~1763)도 열녀관의 확립이야말로 동서고금 어디서도 찾을 수 없는 우리의 미덕이라 자부했다.

그러나 『지봉유설』이나 『연려실기술』 등에서 볼 수 있듯이 임진왜란 중에 훼절한 부녀자들이 많아 정절에 대한 관념이 전보다 약화되었다는 상반된 주장도 있을 정도로 조선 후기에 오면 여성들이 열녀관에 회의를 품기 시작했다. 사실 아름다운 정절관 뒤에는 인간의 욕구를 억누르고 살아야 하는 과부의 비애가 있었다. 박지원이 지은 「열녀함양박씨전」의 박씨는 혼례를 치른 지 반 년도 못 되어 병사한 남편의 삼년상을 다 치르고 나서 자결했다. 명분에 매달려 피눈물 나는 슬픔을 견디고 목숨까지 바치는 행위는 허구적일 수밖에 없다. 또한「호질」에도 온 나라에 열녀라고 소문이 났던 과부 동리자가 각각 성이 다른 다섯 명의 아이를 두었던 부도덕성이 드러난다. 『청구야담』에는 청상 과부로 사는 딸의 애달픈 삶을 보다 못한 부모가 딸을 비밀리에 개가시킨 이야기도 나온다. 평민층에서는 지나가는 남성을 납치해 일시적으로 성욕을 해소하는 풍습까지 생겨나기도 했다. 수절의 굴레를 깨고 외간 남자와 통정을 한 뒤 아이를 낳아 밤중에 버리기도 했다. 국가의 재혼 금지에 과부들은 과감히 탈선으로 반항했던 것이다.

조선시대 교육과 제도로 여성들의 생활을 규제한다고 할 때는 역설적으로 그만큼 여인들의 삶이 자유분방했다고도 할 수 있다. 여기서 전통여성들의 일상이 도덕적 질곡 속에서 유린된 것이 아님을 새삼 깨닫게 된다. 더구나 지금까지 정절을 여성 억압적 측면에서만 조명함으로써 청상의 몸으로 육체적·정신적 고통을 이기고 당당하게 가정경제를 이끌며 자녀교육에 힘써 훌륭한 인물을 배출한 홀어머니들의 자긍심을 소홀히 했던 점은 재고의 여지가 있다. 종교적인 차원에서는 육체적 욕망을 정신력으로 극복하는 정절을 바람직한 행위로 볼 수도 있을 것이다.

정절을 정상의 가치로 신봉하는 정신은 일제 식민지 시기 죽음으로써 국가적 위기를 구하고자 했던 한국 여성의 항일투쟁 의지로 승화되었다고 볼 때 그 의미는 증폭된다. 가정을 지키는 개인의 정절이 국가를 보위하는 이데올로기로 한 단계 나아가는 것이다.

가령, 1905년 을사늑약으로 국가의 자주권을 박탈당했을 때 참정대신 한규설(1848~1930)의 아내를 비롯한 관리의 부인들이 남편들의 의롭지 못한 처신에 분개하여 단식했던 것 등 구국적 정절의 행동은 시대를 넘어 빛을 발하고 있다. 물론 한규설은 각료들 가운데 을사늑약 체결에 끝까지 반대하다 파면되었다.

마침내 1910년 우리나라는 역사상 처음으로 국권을 완전히 상실하는 치욕을 당하게 되는데 이 당시 충청도 결성군의 가난한 과부 이씨의 절의는 지금도 회자되고 있다. 조선인 회유책으로 지급될 일제의 위로금 시혜 대상자로서 이장이 자기를 추천하려 하자 부인은 "국토는 빼앗을망정 내 마음은 결코 약탈할 수 없다"면서 단호하게 거절했다. 부인 이씨야말로 "지사는 시신이 도랑에 버려질 것을 잊지 않고, 용사는 전쟁 중에 머리 잃을 것을 개의치 않는다."고 했던 맹자가 말하는 '지사'나 '용사'가 아닌가 한다.

■ 효행과 배려

전근대 사회에서의 혼인은 오늘날과 다르게 선택이 아닌 필수 사항에 해당할 만큼 개인의 행복을 넘어 사회적 책무로 인식되었다. 결혼을 통해 이루어지는 가족 간의 유대와 화합은 고스란히 국가사회의 기강과 질서로 이어진다고 보았기 때문이다. 이에 따라 조선시대 혼인을 지나치게 중시하는 데 따르는 폐해도 컸다. 14세에 혼인할 수 있는 연령이 법규로 정해지고 20세까지 혼인을 하도록 권장되었으며 나이 30이 되도록 딸을 출가시키지 않은 부모는 처벌을 받아야 했다. 조선시대에는 16세에서 21세 사이에 결혼을 많이 했고 여성들은 출가하기 전에 부모로부터 결혼 후 지켜야 할 인간적 도리를 진지하게 배웠다.

여성은 친부모를 정성껏 섬겨야 하지만 먼저 한 집안의 며느리로서 시부모를 최선을 다해 봉양하도록 교육받았다. 송시열의『계녀서』에서는 "여자에게는 시댁이 으뜸이니 시집의 허물을 함부로 드러내지 않으며, 친부모보다 시부모를 더 소중히 여겨야 한다."고 말하고 있다. '칠거지악'의 첫 번째 조건도 '불순(不順)부모'라 하여 시부모에게 순종하는 것을 여성이 지켜야 할 최상의 가치로 인식했다. 물론 봉건적 속성을 내포한 불합리한 가르침이지만, 효가 충의 근본이었던 전통 유교 사회에서는 수용 가능했다. 실제로 잘 길들여진 여성들의 효행은 일제강점기와 같은 위기상황에서 국가에 대한 충성으로 승화될 수 있었던 긍정적인 측면을 인정하지 않을 수 없다.

효를 소중히 여기는 의식은 당연히 조상에 대한 제사로 이어졌다. 여성은 웃어른을 섬기는 제사를 통해서 문중의 인간적 유대를 중시하는 윤리적 의무를 다하도록 교육받았다. 수많은 제사를 꼬박꼬박 지내는 일은 번거롭고 곤혹스러운 것이었지만 부모와 조상에 대한 인간적 도리를 실천하기 위해서는 불가피한 행위였다. 더구나 제사의 상차림을 간소하게 해야 한다고 주장했던 것은 의례가 단순한 형식이 아니어야 한다는 뜻에서 설득력을 지닌다. 송시열은 『계녀서』에서 "제사는 정성으로 정결하며 조심함이 으뜸이니…… 없는 것을 구차히 얻지 말며 …… 많이 장만하면 불결해지기 쉬우니 쓸 만치 장만하라."고 했다. 인간의 의례를 귀하게 생각함은 물론 의례 가운데 제례를 가장 중히 여기며 의례의 본질을 '정신'에 두었던 우리 역사와 문화를 새삼 돌아보게 된다.

한편 『내훈』에서는 가정의 인간적 질서와 관련하여 집안의 화목 여부가 새로 들어온 며느리에게 달려 있음을 여러 차례 강조하였다. 말하자면 한 가정의 형제자매들이 서로 사이좋게 지내다가 새로운 식구가 집안에 들어오면서 그들 사이에 다툼이 일어나고 관계가 소원해지는 것을 경계하는 의미였을 것이다. 사실 한 집안의 화합 여부가 새롭게 가족의 일원이 되는 여성들에 의해 좌우되고 있는 경우는 현대사회에서도 흔히 찾아볼 수가 있다. 이는 여성의 존재감이나 위상을 반증하는 것이 될 뿐만 아니라, 비록 가부장적 이념이 전제된 것이기는 하나 사회통합과 발전의 근원을 가정 내의 화합과 우애에 두었던 조선 사회의 특성을 잘 드러낸 것이라 할 수 있다.

전통사회에서는 가정에서의 효행과 우애를 소중한 덕목으로 가르쳐왔을 뿐만 아니라 자기 집에 찾아오는 손님을 대접하는 것도 매우 중요한 일이었으므로 어른들로부터 그 예법과 태도 등을 자세히 배울 수 있었다. 대부분의 교육 관련서들은 부녀자들에게 손님 접대에 있어서 정성을 다해야 한다고 가르치고 있다. 인간을 중시하는 사회였던 만큼 여성들은 전통적 인본주의에 입각하여 가정에서 부모형제를 잘 섬김으로써 현실적으로 복을 받고자 하면서도, 손님을 잘 대우함으로써 사회적 자아로서의 보람을 느끼고자 했을 것이다. 이에 비록 힘은 들지라도 기꺼이 유교적 이념과 교육을 수용하면서 능동적으로 자신들의 역할을 다하고자 했다.

송시열의 『계녀서』에서는 "한 번 박대하면 한 손님이 아니

오고 한 손님이 아니 오면 다른 손님이 아니 오나니……"라고 손님을 정성을 다해 잘 대접할 것을 권장했다. 손님이 끊기면 그 집안의 인심이 나쁘다는 평판을 받게 되므로 한 번 지나가는 손님이라도 재워주고 먹여주는 것이 전통사회의 아름다운 풍습으로 여겨졌다. 여기서 조선 사회의 손님 접대의 의미가 곧 인간관계의 기본이 되는 남에 대한 존중, 즉 사회적 배려임을 알게 된다. 주인이 되는 주체는 자기 집에 찾아오는 손님을 존중하고 배려할 때 진정한 주체의 자격을 인정받을 수 있다. 이미 『예기』의 내용을 빌려 인수대비는『내훈』에서 "손님이 국에 간을 맞추면 주인은 잘 요리하지 못했음을 사과하고, 손님이 젓국을 마시면 주인은 가난함을 사과해야 한다."고 말한 바도 있다.

고려시대 추적에 의해 저술되기도 한『명심보감』에 "집에 손님을 맞아 대접할 줄 모르면 밖에 나가서 다른 집에 손님으로 가보아야 주인 임무를 알리라."라는 말이 나온다. 내 집을 찾아온 손님을 반갑게 맞이하고 정성스레 대접하는 것은 인간으로서 취해야 할 당연한 도리이자 진정 주체적인 삶이다. 18세기에 출간된『사소절』(부의) 등에 이르기까지 우리의 많은 여성 관련 교육서에서는 한결같이 정성껏 손님을 접대하는 예절을 가르치고 있다. 무엇보다 교통이 발달되지 못한 시대에 집을 나서면 날이 저물어 남의 집에서 묵어야 되는 과객들이 많았다. 모르는 사람에게 숙식을 제공하는 미풍양속을 우리는 쉽게 잊을 수 없다. 현대사회의 분주하고 경박한 문화 속에서 되돌아볼 수 있는 전통사회의 진지하고 인간적인 예절교육이다. 경주 교동 최부자 집이 지금까지 주목받는 것도 바로 '과객을 후하게 대접하라'는 노블레스 오블리주 정신 때문이다.

사실 이데올로기나 제도에 강요받지 않는 주체적이고 자발적인 효행과 우애, 타인에 대한 배려 등은 시공을 초월하는 인간적 미덕이라 할 것이다. 욕망의 과도한 지배를 받고 감정의 무절제한 방출에 피해당하고 있는 현실을 감안한다면 더욱 그러하다. 가정적으로 부모와 조상을 공경하고 형제간에 우애를 하며 화목하게 지내는 것은 물론 사회적으로 타인을 이해하고 존중하는 소통과 화합의 태도는 인간으로서 마땅히 지켜야 하는 윤리에 속한다. '나'를 각성하고 '감성'을 발견하는 것도 중요하지만 동양에 사는 한국인은 '우리'를 각성하고 '인륜'을 발견하는 것을 큰 가치로 여기며 교육을 통해 배우고 익혀왔다.

■ 자녀교육

전통사회 여성들이 받은 교육내용 가운데 가장 중요한 것 중의 하나는 자녀교육의 책임자로서 역할을 다해야 한다는 점이었다. 자식을 낳아서 잘 기르는 것은 부모들의 소망이자 의무라고 할 수 있다. 전통사회에서 기자(祈子)를 포함한 출산 의례가 그토록 중시되었던 것도 이 때문이다. 임신·출산·수유를 여성의 생물학적 역할이라 한다면 양육은 여성에게 부과된 사회적 역할이라 한다. 개화기 여권 신장을 역설했던『독립신문』(1899.5.26) 논설에서도 10세 이전의 자녀교육을 담당하는 어머니는 자녀의 스승이 된다고 했다.

여성인권의 선구자로 불리는 스웨덴의 엘렌 케이(1849~1926)는 여성이 생득적으로 지닌 모성으로 인해 남성보다 우월하다고 보며 모성의 소유자로서 여성의 고유 영역은 창조력, 애정, 모성, 가정에서의 어머니의 역할이라고 토로한 바 있다. 우암의『계녀서』에서는 "열 달이나 어미 뱃속에 들어 있었으니 어미를 닮고 열 살 전에 어미 말을 들었으니 어미를 또 닮는 것이다. 어찌 아니 가르치고 착한 자식이 있으리오."라고 했다. 송시열은 이같이 자녀교육에서 어머니의 역할이 절대적이라는 생각과 더불어 조기교육이 필요하다고 판단하여 "어려서 가르치지 못하고 늦게서야 가르치려 하면 잘되지 않는다."고 주의를 촉구했다.

이러한 인식의 틀에서 전통사회 여성들은 부모를 비롯한 여러 어른들로부터 자손을 올바르게 양육하는 어머니의 도리에 대해 가르침을 받았다. 특히 교육서를 통해 임신 기간의 태교 및 출산 후 육아법에 이르는 교육방식 등의 내용들을 배울 수 있었다. 우리나라의 태교는 오래전부터 시작되어 삼국이나 고려시대 유명한 인물의 묘지명에 태교에 관한 내용이 보이며, 고려 말 정몽주(1337~1392)의 어머니 영천 이씨가 쓴 「태중훈문」에도 태교에 관한 기록이 들어 있다.

조선시대 사주당 이씨(1739~1821)에 의해 쓰여진 『태교신기(胎敎新記)』는 우리나라 최초의 본격적인 태교론이자 세계적인 태교 관련 저술이다. 이 책 1장에서는 "훌륭한 의사는 병들기 전에 다스리고, 잘 가르치는 사람은 태어나기 전에 가르친다."고 한 뒤, 태교는 어머니가 임신하기 전 아버지의 마음과 몸가짐부터 시작된다고 하고 "스승의 10년 가르침이 어머니의 10개월 기름만 못하다."고 태교의 중요성을 피력했다. 이어서 "자식은 어머니의 피로써 생겨나는데 어머니의 마음이 동요하면 피도 동요하게 된다."고 어머니의 역할을 강조한 다음 "태교를 잘못하면 자식이 어리석게 될 뿐만 아니라 모습도 온전하지 못하고 질병도 많게 된다."고 경고하였다. 어머니의 모든 것으로부터 태아는 영향을 받는다는 사실을 일깨우고 있다.

허준(1539~1615)의 『동의보감』(부인)에서는 "사람 사는 길이 자식을 낳는 데서 비롯한다."라며, 출산의 의의와 함께 태교의 중요성과 태아 보호를 위해 임산부가 주의해야 할 일 등을 자세히 적고 있다. 특히 몸과 마음이 건강한 자녀를 낳기 위해서 필요한 부모의 처신을 강조했다. 즉 "자녀를 갖고자 한다면 부인은 반드시 월경이 순조로워야 하고 남자는 반드시 정액이 충분해야 한다. 이를 위해서는 욕정을 줄이고 마음을 깨끗이 하는 것이 상책이다."라고 하여, 평상시 부모의 올바른 몸가짐과 건전한 마음씨가 출산의 관건임을 인식토록 했다.

조상들은 임산부의 식생활에 대해서도 진지하게 관심을 갖고 가르쳐왔다. 태아의 유산을 막고, 성장 발육에 필요한 영양분을 골고루 섭취하며, 태아에게 심리적 악영향을 끼치지 않는 측면에서 섭생에 조심하기를 권고하였다.『태교신기』를 보면, 임신 중에 태를 삭여버리는 엿기름 · 마늘 · 메밀 · 율무 등을 삼가고, 태아에 좋은 보리, 해삼, 잉어 먹기를 권장하는 내용이 나오며,『동의보감』에서는 목이 짧은 자라나 옆으로 걷는 게 등을 먹지 말도록 권유한다. 태교의 대체적인 의미는 임산부의 성정과 언행과 음식 등이 뱃속의 자녀의 성격과 모습에 크게 영향을 미친다는 것인데, 가장 중요하게 생각했던 점은 거짓 없고 욕심을 부리지 않는 덕성을 갖추는 것이었다. 많은 내용이 오늘날에도 합리적인 것으로 인정될 수 있으며, 태교의 중요성은 생명을 중시해야 하는 인간의 삶 속에서 지속적으로 유효하다.

출산은 여성들에 대한 축복이요, 더구나 노동력의 확보가 중요한 반면 영아사망률이 높던 농경사회에서의 출산은 특권이었다. 이에 삼신상을 차려놓고 순산을 기원하는 의식과 더불어 출산 후에는 산모의 심리적 안정과 몸조리를 위한 금기 절차가 있기 마련이었다. 조선의 『경국대전』(형전)에서는, 관청에서 일하는 여종에게 산기가 보이면 1개월 휴가를 주고 출산 후에도 50일을 쉬도록 했으며, 심지어 그 남편도 출산 후 15일 동안 쉴 수 있게 하였다. 출산에 따른 휴가 규정과 시행은 여성의 복지 차원에서도 주목받기에 충분한 내용이었다. 『사소절』(사물)에서 말한 "신생아를 누일 때 반드시 베개를 바로 하라. 두상이 비뚤어질까 두려우니라."라든가, 『동의보감』(소아)에서 말한 "한쪽 방향으로만 눕혀놓으면 놀라는 병이 생길 수 있으므로 자주 돌려 눕힌다."라는 것들은 신생아의 양육법에 대한 의미 있는 내용으로 간주된다.

중국에서 유입되거나 조선에서 간행된 많은 교육서들을 중심으로 자녀교육이 이루어졌는데, 문왕의 어머니 태임, 무왕의 어머니 태사, 맹자의 어머니, 정호·정이의 어머니, 여형공의 어머니 등의 일화나 사례를 통해 자녀교육의 소임을 다하기 위해 애썼던 중국 여성들의 노고를 이해할 수 있다. 『소학』, 『내훈』 등에 나오는 송의 성리학자 여형공의 경우를 보면, 어머니인 신국부인은 성품이 엄하고 법도가 있어 비록 여형공을 깊이 사랑했지만 매사에 법도를 좇아 행하도록 가르쳤고 그리하여 여형공은 덕성과 기량이 보통 사람들과 크게 달랐다.

자녀교육과 관련하여 이덕무의 『사소절』(교습)에서는 세상의 자녀 중에는 부모를 속이지 않는 자가 극히 드문데, 이는 부모가 예뻐하기만 하고 가르치지 않았기 때문이며, 그렇게 되면 아들만 불효한 것이 아니라 부모도 제대로 사랑하지 못한 것이라 하여 엄격한 교육을 통한 참 사랑을 주문했다. 이처럼 유교문명권에서의 이상적인 어머니상은 대체로 엄한 가르침에서 발견되고 있다.

대과에 급제했으나 사직하고 학문과 교육에 전념했던 조선의 선비 이상정(1711~1781)은 부인 황씨가 죽은 뒤 제문을 통해 다음과 같이 회고했다. "당신은 서른다섯에야 아들 하나를 두었으니 그 애틋한 정은 알 만하오. 그런데도 사사로이 감싸지 않고 조금이라도 잘못이 있으면 회초리를 아끼지 않아 아이가 아비만 따르고 어미가 사랑하는 줄 몰랐소. 내가 늘 그것을 부끄럽게 여기면서도 고치지 못했소." 자식을 엄하게 가르쳤던 부인의 심오하고 고상한 뜻을 남편은 진정으로 기리고 있다.

이와 같이 전근대 사회의 자녀교육에서 엄격함이 강조된 것은 자녀교육이 근본과 원칙에 충실한 참된 사랑의 구현 과정이어야 한다고 인식했기 때문이다. 유학교육의 입문서라 할 수 있는『소학』(입교)에서도 "대개 부모들이 아이가 어렸을 때 작은 정에만 끌리고 심사숙고하지 않아 어린 아이의 악을 키운다."고 경고한 바 있다.

여성에게는 남성과 다른 자기희생적 모성애가 있기에 자녀 교육에서 책임을 다하는 실천적 능력을 보여줄 수 있었다. 고구려 시조 동명왕(BC 58~BC 19)의 어머니 유화부인은 "너의 재주는 남만 못하지 아니하니 빨리 이곳을 떠나 훗날 큰일을 도모하라"고 어릴 때부터 아들을 격려했다. 신라의 석탈해 어머니는 지혜롭고 용기 있어 가난을 무릅쓰고 아들을 공부시켜 왕위에 오르게 했고, 만명부인은 엄격한 가르침으로 아들 김유신(595~673)을 삼국통일의 주역으로 길렀다. 김유신이 기생 천관의 집으로 내달린 말의 목을 베었던 것도 어머니의 뜻에 따른 것이었다.

고려시대에도 자녀를 격려와 채찍으로 교육시켜 국가에 크게 공헌하게 한 역사적 여인들이 많다. 못생겨 놀림받던 아이에게 용기를 주어 지덕을 갖추게 했던 강감찬(948~1031)의 어머니, 아들 셋을 훌륭하게 키워 국가로부터 상을 받은 김부식(1075~1151)의 어머니 등 이루 헤아릴 수 없이 많다. 정몽주의 어머니는 인자한 성품이나 엄중한 교육을 통해 아들을 모든 이로부터 존경을 받게 했다. 그녀가 지었다고도 하는 "까마귀 싸

우는 골에 백로야 가지 마라"에 그녀의 가치관이 잘 드러난다.

조선시대에 자녀를 올바르게 잘 가르쳐 사회에서 큰일을 맡고 국가에 봉사를 하게 한 훌륭한 어머니는 더욱 많다.

남편 없이 자식들을 훌륭하게 키웠다는, 조선 최고의 철학자 퇴계 이황의 어머니인 춘천 박씨가 보여준 엄한 교육의 가치는 시대를 넘어 부상되고 있다. 명예를 구하지 않고 오로지 학문에만 열정을 쏟아 '동방의 주자'로 존경받았던 이황이 '나에게 영향을 가장 많이 준 분은 어머니'라고 할 만큼 그의 어머니는 '과부의 자식은 몇백 배 더 조신해야 한다'는 엄한 가법을 세워 자녀를 반듯하게 교육시켰다.

올곧은 문인으로 유명한 김만중(1637~1692)의 어머니 해평 윤씨는 선조의 딸 정혜옹주의 손녀이며 병자년에 항전하다 분신 자결한 김익겸(1615~1637)의 부인이다. 윤씨는 "집안이 어려워도 학문을 포기해서는 안 된다"며 많은 책을 빌려다가 베껴주면서 두 아들을 공부시켰다. 큰아들 김만기(1633~1687)도 동생처럼 대제학을 지냈으며 그의 딸은 숙종의 비(인경왕후, 1661~1680)가 되었다. '왼손에는 미음을, 오른손에는 회초리'를 들고 가르쳤다는 윤씨는 그녀의 행장*을 보면 "세상 사람들

---

* 죽은 사람이 평생 살아온 과정을 적은 글이다.

이 행실이 없는 자를 꾸짖으며 반드시 과부 자식이라 하나니, 너희들은 이 말을 뼈에 새겨라."라고 늘 타일렀다.

겸손했던 정승으로 익히 알려진 홍석주(1774~1842)의 어머니 영수합 서씨(1753~1823)는 아들 삼형제는 물론 딸 원주까지도 대문장가로 길렀다. 행장에 따르면, 그녀는 청나라 사신으로 떠나는 큰아들 석주에게 나랏일은 때가 있으니 가정은 생각하지 말라고 하면서 밖에서 칭찬이 들리면 곁에 있는 것보다 낫다고 하였다. 부귀영화가 화를 일으킬 수 있음을 알고 그녀는 석주의 벼슬이 오르고 현주(1793~1865)가 부마가 되자 근심하지 않을 수 없었으며, 길주로 하여금 과거시험을 포기하게 했다. 그녀는 자식을 위한 시를 많이 지으면서 '지족(知足)'을 역설했다.

지조가 굳고, 문장에 무게가 있었던 김주신(1661~1721)의 어머니 풍양 조씨는 행장에 의하면 아들이 성년이 된 뒤에도 여러 날 책을 덮고 지내면 회초리로 때렸다. 김주신은 숙종의 장인으로서 방만하게 관직에 있는 친구들을 만나지 않았으며 만년에 그릇된 정치현실과 거리를 두고 표표히 전국을 떠돌았다. 효성이 지극했던 김주신은 언젠가 아버지의 비석을 소 등에 싣고 고개를 넘은 일이 있었는데 소가 혀를 빼물고 헐떡이는 것을 보고 그 뒤로 소고기를 먹지 않았다.

정여창(1450~1504)은 호를 일두(一蠹)라 하여 자신을 '벌레'에 비유할 만큼 높은 인품을 지닌 사람이었는데, 어머니 경주 최씨는 "너는 아버지 없는 아이이니 남보다 더 행실을 단정히 하고 글을 잘해야 한다."고 했다. 김종직의 제자였던 정여창이 사직서를 냈을 때 성종은 "너의 행실을 듣고 나도 모르게 눈물이 났다. 행실을 감출 수 없는데도 오히려 이와 같으니 이것이 너의 선행이다."라며 사임을 허가하지 않았다.

　조선 중기의 문신 홍섬(1504~1585)의 어머니 송씨 부인은 "그대가 전에는 나의 아들이나 지금은 임금의 대신이오. 임금이 병환 중에 계신데 어찌 감히 사사로이 어버이에게 올 수 있겠는가."라고 했다. 『열녀전』, 『내훈』 등에 나오는 바와 같이 제나라 재상이었던 전직자가 뇌물을 받았다가 어머니로부터 호되게 꾸지람을 들은 것을 연상케 한다. 벼슬하는 자식에게 무엇을 가르쳐야 하는지를 보여주는 일화이다. 홍섬은 관리들의 전횡을 탄핵하다 유배되고, 청렴하고 욕심이 없어 관직의 사임을 거듭하면서도 우의정, 좌의정을 거쳐 영의정을 세 번에 걸쳐 중임하였다

　이 밖에도 정인지의 어머니 진씨, 안평대군의 어머니 성씨, 성간의 어머니 안씨, 남효온의 어머니 이씨, 이준경의 어머니 신씨, 윤두수의 어머니 현씨, 이율곡의 어머니 신씨, 이항복

의 어머니 최씨, 김귀영의 어머니 이씨, 김상헌의 어머니 정씨, 정발의 어머니 남씨, 김창집 6형제의 어머니 나씨 등 훌륭한 어머니는 무수히 많다.

요즘 '아버지는 사라지고 아빠만 남은 세상'이라고 개탄한다. 새삼 엄부자모(嚴父慈母)의 의미를 환기시킬 정도로 아버지의 엄격한 가르침이 절실히 요청되는 현실 속에서 훌륭한 인물은 어진 어머니의 덕과 올바른 가르침에서 나온다는 교훈을 보게 된다. 그만큼 어머니로서의 여성의 지위는 시대를 넘어 존중되었음을 알 수 있다.

■ 노동과 경제

청나라 초기 왕상(자 진승)이 편집한 『여사서』에서 딸 교육을 위해 진술하고 있는 한 구절을 보면 "삼을 삼고 신을 꿰매고 버선을 만들고, 이렇게 할 수 있으면 추위도 이길 수 있고, …… 집안이 빈곤함을 걱정하지 않을 것이다."라고 했다. 전근대 사회 여성들은 어려서부터 인간관계를 위해 단아하고 덕성 있는 자질을 훈련받아왔을 뿐만 아니라 가정살림의 경영자가 갖춰야 할 덕목으로서 노동의 가치를 인식하고 근면할 것을 교육받았다.

조선 후기 실학자 이덕무도 『사소절』(동지)을 통해 "잠자기를 좋아하여 일찍 일어나지 않는 것이 부인의 가장 큰 악덕인 바, 여성의 법도가 무너지고 집안일의 패함이 게으른 부인의 죄이다."라고 주장하였다. 대부분의 교육서에서 이렇듯 여성의 노동과 근면을 촉구하고 있다.

　남녀유별의 이념은 여성들의 활동을 가급적 가정 내로 제한했으며 여성들은 교육을 통해 가정의 살림과 경제를 책임지는 주역이 되어야 했다. 무엇보다 밥 짓고 옷 만들고 집안을 가꾸는 등 의식주에 관련된 것에서부터 생활 전반에 대해 배우고 익히지 않으면 안 되었다. 그리하여 여성들은 결혼하여 가정을 꾸리면서 시부모를 모시는 일은 물론 남편의 시중을 들고 출산과 육아를 담당하면서도 온갖 가사노동에 적극 참여할 수 있었다. 물론 온갖 집안일을 도모했던 남자 살림꾼도 적지 않았다. 서유구(1764~1845)는 총 113권의 방대한 생활백과서 『임원경제지』를 쓸 수 있을 만큼 벼슬에서 물러난 뒤 농사짓고 고기 잡으며, 술 빚고 음식 만드는 일을 부지런히 했다. 그러나 대부분 집안일은 여성들의 몫이었고 생활은 고달플 수밖에 없었다. 만일 지금까지 아내의 경제활동과 수익을 바라면서 가사노동에 대해서는 아내의 고정 역할로 본다면 이는 시대착오적이라 하겠다.

　먼저 전통사회 산업의 근본을 이루는 농업에서 여성의 역할은 남성만큼 중요했다. 씨뿌리기에서부터 수확에 이르기까지 밭농사에는 여성의 노동력이 절대 필요했으며 논일에도 여성의 노동력이 상당히 요구되었다. 더욱이 평민계층의 여성이나 빈곤한 사대부 집안의 여성들의 경우, 생계 유지를 위한 임금노동과 더불어 바깥 농사에 주도적으로 참여해야 했다. 그러므로 전근대 사회에서는 여성들로 하여금 근면하고 검소하여 가정경제를 잘 꾸려나갈 수 있도록 적극적으로 가르쳤다.

한편 전근대 사회 여성의 핵심적인 노동 가운데 하나가 누에치기, 길쌈, 염색, 봉제 등의 직조 수공업이었다. 삼베, 모시, 무명, 명주 등의 옷감짜기 즉 길쌈으로 대표되는 이 분야의 일은 왕비로부터 서민에 이르기까지 여성 모두가 관심을 가져야 했고, 평민 여성들의 경우 숙련에 이르도록 가정에서 기술을 배우고 익혔다. 직조업은 의류의 자급자족을 위해서 긴요할 뿐만 아니라 세금 납부의 자원으로서도 의미가 컸다. 이 옷감 짜는 노동과 기술에 대한 가치의 인식은 조선 후기까지 이어졌고 많은 교육서들을 통해서도 이 점이 숙지되었다. 여성들에게 생산활동에 적극 참여해야 할 필요성과 더불어 길쌈의 중요성이 더욱 부각되었다. 우리 사회가 근대화되면서 많은 여성들이 공장에 취업하기 시작했는데, 1930년대 통계에 따르면 전체 여공 중 방직업에 50% 이상이 종사했다는 사실도 이와 무관하지 않을 것이다.

고려시대 재상에까지 오른 김원의(1147~1217)의 아내 인씨는 집안이 넉넉한데도 길쌈과 누에치는 일을 손에서 놓지 않았는데 자식들이 일을 그만하라고 만류하자 이 일은 여성의 기본적인 책무로서 남성들의 붓과 벼루와 문서 같은 것이므로 하루도 그만둘 수 없다고 가르쳤다. 이는 자식들에게 노동의 의미와 근면의 가치를 역설함으로써 하루라도 글공부를 게을리해서는 안 되는 삶의 본질을 몸소 보여준 것이다.

교육서인 이덕무의 『사소절』(부의)에 따르면 "선비의 아내는 집안의 생계가 어렵고 궁핍하면 조금이나마 살아갈 방편을 마련하여 일을 해도 괜찮다. 길쌈이나 누에를 치는 일은 기본이다. 나아가 닭과 오리를 치고, 장과 초와 술과 기름을 만들어 팔고, 대추 · 밤 · 감 · 귤 · 석류 같은 것을 잘 보관해두었다가 때맞추어 내다 판다."고 했다. 사대부가 여성을 포함하는 여성들의 상업 동을 건전한 경제 행위로 인식하고 있는 사회적 분위기를 읽을 수 있다. 산업의 발달 변모 과정 속에 농업 · 수공업 생산이 활발해지면서 잉여생산물이 쏟아져 나와 상품 유통이 활성화되었다. 사회 경제적인 변동에 따라 여성들은 보다 능동적으로 경제력을 향상시켜나갈 수 있어야 함을 배웠다.

이렇듯 사대부 가정에서부터 서민 계층에 이르기까지 여

성들은 인간관계의 소통과 화합적 가치에 관한 정신적인 것만 아니라 집안일은 물론 바깥일 등 모든 가사와 노동에 필요한 실용적인 내용들을 배워야 했다. 요컨대 여성들은 교육적 저술을 중심으로 어른들의 가르침과 자신의 경험을 통해 생활의 실질적 향상에 요구되는 노동과 경제에 관한 것들을 배우고 익혔다.

3
처가살이와 반친영제 시행

조선시대 가난하지 않은데 나이 30이 넘도록 딸을 시집보내지 않은 가장을 법(『경국대전』예전)에 따라 엄벌했던 만큼 혼인은 한 개인의 삶은 물론 사회적으로도 아주 중요한 문제다. 사회를 구성하는 기초가 가족이고, 가족제도의 바탕에는 결혼제도가 있기 때문이다. 다만 조혼을 금지하기 위해 『경국대전』에서는 남자 15세, 여자 14세로 허혼 연령을 정했다. 우리는 처가살이와 반친영제 같은 여러 혼인제도를 통해서 전통여성들이 성적 삶에서 어느 정도 주체적이고 자유로웠는지를 가늠할 수 있다. 물론 우리의 혼인풍속에서 정상적인 절차를 벗어나는 혼인마저 수용한다면 전통여성의 성적 자유는 더욱 강화된다.

■ 처가살이제도 계승

우리의 혼인제도에서 여성의 주체적인 입장이 잘 드러나
는데, 무엇보다 처가살이제도가 그 대표적인 예이다. 물론 처가
살이는 봉건시대의 유물로 치부되는 시집살이와 대비된다.

현실적 구속력이 약하긴 하나 단군신화 속의 곰은 웅녀가
되어 환웅과 혼인하였고, 주몽설화 속의 유화도 해모수의 아들
주몽을 임신한 채로 동부여의 금와왕에게 시집을 갔다. 웅녀와
유화의 신성하면서도 주체적인 모습을 띤 혼인 형태의 시대를
넘어 우리나라 혼인제도는 대략, 남귀여가혼제(삼국)→남귀여
가혼제(고려)→반친영제(조선)로 변천해왔다.

시기마다 여러 가지 혼인풍속이 있으나 옛부터 우리 고유
의 혼속은 '남자가 여자 집으로 들어가는' 남귀여가혼(男歸女家
婚), 즉 처가살이라 할 수 있다. 이는 혼례식을 남자 집에서 올리
고 혼인 첫날부터 시집살이를 시작하는 중국과 다르다. 남귀여
가혼에 해당하는 것으로 고구려의 서옥제를 들 수 있는데, 사위
집을 뜻하는 '서옥'은 중국의『삼국지』(고구려조)에 처음 나오는
말이다. 서옥제에 관해 전하는 내용은 "저녁에 사위가 여자 집에
이르러 문밖에서 자신의 이름을 말하고 꿇어 앉아 절하면서 여
자와 동숙하게 해 줄 것을 애걸한다. …… 아이를 낳아 장성하게

되면 비로소 여자를 데리고 집으로 돌아간다."는 것이다.

고구려의 서옥제와 마찬가지로 고려의 혼인풍속은 여성들이 자기 집에서 혼례식을 올리고 친정에서 살다가 나중에 시집으로 가는 남귀여가혼이었다. 친정에 머무는 기간은 일정하지 않고 다양했다. 고려 후기 문신 김묘의 아내인 여흥군부인 민씨(1324~1379)는 시서에 뛰어났던 민사평(1295~1359)과 언양군부인 김씨의 무남독녀였다. 그녀는 혼인한 뒤에도 친정어머니를 모시고 살았고, 어머니가 돌아가신 뒤에도 무덤을 지키느라 죽을 때까지 친정인 여흥(여주의 옛 지명)에서 살았다. 고려가 원의 지배를 받던 시기에는 공녀를 피하기 위하여 조혼이 성행했는데, 조혼은 당시의 남귀여가혼 풍속과 결합하여 나이 어린 남자를 여자 집에서 양육하다가 성년이 되면 혼인시키는 예서제의 증가를 가져왔다. 남자가 여자의 집에서 사는 이 예서제를 '데릴사위제'라고도 불렀는데, 혼인한 딸을 시집으로 보내지 않고 처가에서 데리고 사는 사위를 '데릴사위'라고 했다.

처가살이혼이라 할 수 있는 남귀여가혼은 고려를 거쳐 유교이념이 본격적으로 정착하기 시작한 조선 중기까지 광범위하게 지속된 혼인 방식이다. 사림파의 영수였던 김종직(1431~1492)의 아버지 김숙자(1389~1456)는 장자임에도 불구하고 결혼을 하자마자 경북 선산을 떠나 밀양으로 이주하여 처가살이를 시작했다. 동방5현의 한 사람인 회재 이언적(1491~1553)의 생가가 있는 경주 양동마을(유네스코세계문화유산)도 이언적의 부친이 고향인 영일을 떠나 양동에 사는 월성(경주의 옛 지명) 손씨에게 장가들면서 옮겨 지내던 곳이다.

16세기 강직한 선비로 이름 있던 유희춘(1513~1577)의 아들도 처가살이를 했으며, 손자 역시 남원의 처가에서 살았다. 동시대 신사임당(1504~1551)은 혼인하고 3년이 다 되어서야 시어머니에게 첫 인사를 하러 갔고 결혼 후 20년쯤 지나 자식들을 데리고 친정을 떠나면서 '발길이 떨어지지 않는다'는 내용의 시까지 지었다. 이이(1536~1584)도 외가에서 태어났으며 비슷한 시기를 살았던 유성룡(1542~1607) 또한 경북 의성의 외가에서 태어났다. 이순신(1545~1598)은 장가갔을 때 장인의 등쌀에 못 이겨 32세 과거시험에 합격할 때까지 공부해야 했으니 처가살이가 얼마나 고달팠는지 짐작할 수 있다. 경북 안동에 살던 조선의 대표적인 선비 김성일(1538~1593)이 쓴 편지를 보면 장모를 모신다는 구절이 들어 있다. 동시대 같은 지역에 살던 이응태(1555~1586)의 집안은 손꼽히는 권문세가였는데, 그런 이응태도 결혼 후 처가에 얹혀살았다.

『조선왕조실록』에도 "우리나라 풍속은 남자가 여자 집으로 들어가서 사는 것"으로 기록되어 있을 만큼 우리나라는 삼국과 고려를 거쳐 조선의 임란 직후까지도 남귀여가혼의 처가살이 풍속이 이어졌다. 요즘 신혼여행을 다녀오고 나서 신부 집에 먼저 들르는 것도 남귀여가혼의 유풍이다.

■ 반친영제도 시행

우리 혼인풍속의 근간은 위에서 살핀 바와 같이 남자가 여자집에서 혼례를 올리고 그대로 처가에서 살다가 자녀가 성장하면 본가로 돌아오는 데 있었다. 이는 여성 우위적 사고에서 나온 현상으로서 구조적으로 시대나 사회에 따라 반발이 일어날 불씨를 안고 있었다. 『태종실록』에 따르면 당시 의정부에서는 남귀여가혼의 폐해를 놓고 신랄하게 비판한 바 있다. "우리나라에서 문물은 모두 중국을 본받으면서 오직 혼인례는 굳이 옛 습속을 따라 양이 음을 좇아 남자가 여자 집으로 가서 아들과 손자를 낳고 외가에서 자라게 하니 사람들이 성과 본이 중함을 알지 못한다."고 지적한 것이다.

남자들이 여자 집에 들어가 사는 데서 파생되는 문제점을 해결하는 차원에서 도출된 우리의 자구책이 반(半)친영제였다. 다시 말해 중국에서는 신부를 친히 데려다 신랑집에서 혼례를 올리고 사는 '친영(親迎)'이 실시되었던 것과 달리 조선은 명종

(1534~1567) 대에 이르러 종래의 처가살이혼과 친영제를 절충한 반친영제를 시행하게 되었다. 남명 조식(1501~1572)의 주도하에『주자가례』의 원형대로 친영례를 실시하기 어려운 우리나라의 형편을 헤아려 제도를 만들었다. 즉 우리는 신부 집에서 혼례를 치른 뒤 다음 날이나 3일째 시집으로 들어가는 방식을 취했다.

실록(성종 21년)에서 이르기를 "우리나라는 중국과 같이 친영하는 예가 없으므로 모두 처가를 내 집으로 삼아 처의 아버지를 아버지라 부르고 처의 어머니를 어머니라 부르며 항상 부모처럼 섬기는데, 이 또한 강상이다."라 말하고 있다. 이로써 조선 중기 이전의 혼속에 따른 우리 고유의 가족문화는 남녀 구분이 없는 양계적(兩系的) 속성이 주류였음을 떠올리게 된다.

우리가 조선 사회 남녀관계를 가리켜 단순히 '남존여비'라고 치부해버리는 경향이 짙은데, 이는 사실을 벗어난 태도이다. 실제로 사대부들 상당수는 아내에게 예의를 지키고 극진히 대우했다. 가령 남편이 아내에게 극존칭의 '마누라'라는 말을 사용했을 뿐만 아니라 '외우(畏友)'나 '군자'라는 존경의 표현을 쓰기도 했다. 17세기 곽주(1569~1617)는 출산하러 친정 가 있는 아내 진주 하씨(1580~1652?)에게 "딸을 또 낳아도 절대로 마음에 서운히 여기지 마소. 자네 몸이 편하면 되지 아들은 관계치 아니하오."라 하면서 하루가 멀다 하고 편지를 썼다. 이응태 (1555~1586)의 처는 "여보, 다른 사람들도 우리처럼 어여삐 여기고 사랑할까요?"라는 말로 부부간의 금슬을 솔직히 드러냈다. 살가운 애정 표현을 터부시했던 것으로 알려진 시대에 사족의 여인이 어떻게 이런 편지를 쓸 수 있을까 하는 의구심을 갖게 할 정도다. 『춘추좌전』에서는 부부 관계의 덕목으로 신(信)을 제시했는데 이는 정(貞)과 통하는 것으로서 정절은 유교에서 부부가 함께 지녀야 할 쌍무적 도덕이었다.

반친영제가 16세기 이후 점차 보급되고 전국적으로 시행되기에 이르러 남귀여가혼의 풍습은 차차 사라지게 되었다. 혼인 후 거주지가 시부모가 있는 남자 쪽으로 확실히 바뀌는 것은 조선 후기에 들어서면서부터이다. 이렇게 여자들의 시집살이가 시작되면서 남귀여가혼제에서 확보되었던 여성의 권리는 많이 축소되었다.

실학이 절정에 이르렀던 18, 19세기의 인물인 성해응(1760~1839) 집안은 처가살이에서 시집살이로 넘어가는 과도기적 혼란상을 드러내는데, 증조부 대에 처가살이를 거부하는 모습을 보이다가 조부 때는 증조모까지 모시고 처가살이를 하였다. 서얼이라는 신분적인 한계에 묶여 부사 벼슬에 그쳤던 부친 성대중(1732~1809)은 처가에 들어가 살지는 않았으나 처가에서

경제적 도움을 많이 받아서인지 경제적·정서적 유대가 밀접하였다.

4
근친혼의 수용과 처첩제 반발

1997년 법률적으로 동성동본 간의 결혼은 허용되었으나, 가까운 친족 간에 이루어지는 근친혼은 예로부터 우리를 포함하여 많은 민족에게 금지되어왔다. 그러나 규제에도 불구하고 자유로운 성문화 속에 근친혼은 자행되었고, 오늘날은 우생학적인 이유와 도덕적인 이유에서 근친혼(8촌 이내)이 금지되고 있다. 한편 우리나라의 근대화 시기, 갑오개혁으로 신분제가 폐지된 후에도 신분, 직책, 경제력에 따라 축첩이 유지될 정도로 처첩제는 고착화된 봉건적 유산이었다. 여권을 유린하는 처첩제에 대한 반발은 자연스러운 것이었고 1948년 대한민국 헌법 제정 시 비로소 축첩제도는 폐지되었는데 그 후에도 축첩은 한참 동안 잔존했다.

■ 근친혼제도 수용

　　우리의 근친혼은 유교에서는 금하는 것으로 가부장적 동성불혼제를 채택하는 중국인들로부터 인륜을 어지럽히는 야만적인 행위라는 비판을 들으면서 오랜 관습으로 유지되어왔다. 중국에서는 일찍부터 동성불혼을 혼례의 근간으로 삼고 근친간의 혼인을 엄격하게 금지해왔다. 그러나 우리는 신라시대 왕실을 비롯한 지배층에서 자유 교제에 의한 근친혼이 성행했고, 이러한 풍습은 고려 왕실과 귀족층에 고스란히 전래되었다. 유교가 사회규범으로 굳게 자리 잡은 조선에서도 크게 다르지는 않았다.

　　신라의 마지막 여왕인 진성여왕(?~897)과 숙부인 각간 위홍(?~888)의 근친혼을 황음무도의 증거로 삼지만 『화랑세기』뿐만 아니라 다른 문헌에도 근친혼에 관한 많은 사례가 나온다. 중앙집권적 고대국가 체제를 완성한 법흥왕(?~540)은 딸을 자기 동생 갈문왕 입종에게 출가시켰고 이 사이에서 진흥왕이 나왔다. 한편 신라의 왕 가운데 재위 기간이 52년으로 가장 길었던 진평왕(?~632)은 둘째 딸 천명공주를 자기의 사촌동생인 용춘(579?~647)에게 출가시켰고 여기서 난 인물이 태종무열왕 김춘추이다. 『삼국사기』에는 "왕이 딸 지소를 대각찬 김유신에게 시집보냈다"는 구절이 있는데 지소는 김춘추와 문희 사이에서 난 딸로서 외삼촌과 혼인을 한 것이다. 이와 같이 신라는 극심한 근친혼 사회였으므로 조카와 삼촌 사이의 결혼은 특별히 이상한 일이 아니었다.

고려에 들어와서도 동성 근친혼은 성행했다. 건국 초 호족에 대한 대책으로 왕실 내 족내혼이 만연했다. 태조의 손녀 황보씨가 사촌오빠 경종과 결혼해 헌애왕후(천추태후)가 되었다. 김치양(?~1009)이 외척이란 이름으로 승려 복장을 하고 천추궁에 나타났을 때 헌애왕후가 망설임 없이 정을 통했던 것은 당시 풍속에서 드문 일이 아니었다. 귀족층에서도 근친혼이 행해졌다. 예종의 외척이자 명문가로 소문난 경원 이씨 집안의 이자량(?~1123)은 사촌 간인 이자인의 딸을 아내로 맞이했다. 또 그의 친형인 이자겸(?~1126)은 딸 셋 중 하나는 예종과 혼인시키고 나머지 둘은 예종의 아들인 인종과 혼인시켰다. 서민의 경우에는 규제나 처벌과 무관하게 근친혼이 이루어졌다.

고려에서 근친혼을 규제하기 시작한 것은 제3대 왕 정종(923~949) 때부터였다. 이 시기에 처음으로 귀족의 근친혼을 법적으로 제한코자 했는데 사촌 사이에서 태어난 자손의 벼슬을 금지시켰으며, 그다음 숙종(1054~1105) 때에는 육촌 간 소생의 벼슬길을 금하였으나 잘 시행되지는 않았다. 그 이후에도 같은 법률을 공포했으나 계속해서 근친혼은 사라지지 않았다. 성리학이 도입됨에 따라 혼인에 대한 제도가 강화되었고 근친혼 규제는 충선왕 즉위년(1308)에 왕실 및 문무 양반의 동성혼이 금지되는 데까지 확대되었다.

조선시대에 동성 근친혼은 형벌로써 금하였으나 이성 근친혼은 여전히 행하여졌다. 특히 『대명률』에 의해 동성 근친혼을 금지하고 이를 어기는 자는 60대의 곤장을 치고 결혼을 무효화시키는 법을 세웠으나 잘 지켜지지 않았다. 조선에 들어와 세종 때를 비롯하여 동성 간의 혼인을 금지시키기 위한 노력은 했으나 결국 동성동본 간의 혼인 금지로 귀결된 것이다. 15세기에 성종, 중종이 근친혼을 행한 것을 비롯하여 19세기 고종이 어머니 여흥부대부인 민씨의 가까운 친척인 민치록(1799~1858)의 딸을 왕비(명성황후)로 맞은 예에서 보듯이 조선 전 시대를 통해 근친혼의 습속은 계속되었다. 근친혼이 철저히 금지되지 않았음은 그만큼 관습적으로 성적 자유가 허용되었음을 의미한다.

■ 처첩제도 반발

혼인을 한 정실부인인 처와 데리고 들어온 첩을 합쳐서 처

첩이라고 부른다. 첩을 들이는 것은 서양도 마찬가진데 첩제도는 철저하게 남성주의가 반영된 것이다. 첩제도로 인한 첩과 그 자손(서자)의 피해는 국가와 시대에 따라 격차가 있는데 우리의 경우 심각한 편이었다. 우리나라의 축첩 풍습은 폐지법에도 불구하고 사실상 1970년대까지도 남아 있었다.

전근대 사회에서 지배층은 흔히 여러 명의 여성을 맞아들였다. 첩이 없던 고려시대 왕실도 일부일처제보다는 일부다처제를 취했다. 하지만 귀족이나 향리, 서민 등은 거의 일부일처제를 따랐으며 13세기에는 일부일처제가 일반화되었다. 그러나 여러 처를 두는 것에 대한 금지법이 없고 부인을 여럿 둔 자들이 있었으므로 태종 13년(1413) 처를 한 명만 둘 수 있도록 하는 중혼금지법을 제정하여 일부일처제를 공고히 했다.

성리학의 수용으로 처첩 또는 적서의 차별적 관념도 강화되었다. 즉 일부다처다첩제인 중국과 달리 전통적으로 내려온 조선의 일부일처다첩제의 성리학적 질서 아래서 적서차별이 엄격했다. 첩을 정실로 삼지 말라는 것이 춘추대의요, 조선에서 남편이 첩을 두기 위해서는 처의 허락을 받아야 했다. 조선 중기 처첩제의 확립으로 처로서의 지위를 확고히 보장받게 된 면도 있다. 첩은 당연히 여종, 기생 등 천인 출신이 많았고 지배층 출신의 여자가 첩이 되는 경우는 거의 없었다.

처첩 차별은 궁중에서도 예외는 아니었다. 현재 서울 궁정동에 있는 칠궁은 조선시대 일곱 후궁(첩)의 신주가 모셔져 있는 곳이다. 왕을 낳은 여성이라도 왕비가 아니면 절대 종묘에 들어갈 수 없었던 것이다. 일곱 명의 후궁들은 자신이 갖고 있던 매력을 통해 왕들의 사랑을 받았다. 누구보다 희빈 장씨(1659~1701)는 신분사회에 크게 맞섰던 여종의 딸이자 첩이다. 궁녀로 들어간 장씨는 곧바로 임금의 눈에 띄어 승은을 입었고, 숙종의 마음을 사로잡아 왕비로까지 책봉되었다. 연산군의 어머니이자 성종의 비였던 폐비 윤씨(1445~1482)도 후궁으로서 왕비의 자리에 당당히 올랐다. 조선의 마지막 황태자인 영친왕을 낳은 순헌황귀비 엄씨(1854~1911)도 못생겼지만 독특한 매력으로 고종의 각별한 사랑을 끌어낼 수 있었던 후궁이다.

윤원형(?~1565)의 첩에서 처로 변신한 서얼 출신의 정난정(?~1565)이야말로 주목하지 않을 수 없다. 정난정의 아버지 정윤겸(1463~1536)은 양반이었지만 어머니는 군영에 소속된 관비였다. 정난정은 불교를 매개로 윤원형은 물론 문정왕후와 신분을 뛰어넘는 동지가 될 수 있었고, 윤원형의 정처를 내쫓으면서 단숨에 외명부 최고 품계인 정경부인이 되었다. 물론 문정왕후가 죽은 후 정난정도 약을 마시고 자결했고 그녀를 사랑하던 윤원형도 음독자살했다. 정난정은 신분차별에 강경하게 저항한 첩이다.

이옥봉(?~1592)은 선조 때 옥천군수를 지낸 이봉(1441~1493)의 서녀로 성격이 활달하고 영특하며 시를 잘 지었다. 이옥봉은 학식과 인품이 뛰어나고 시인으로 유명한 조원(1544~1595)이란 선비를 사랑하여 첩이 되겠다고 자청했다. 비록 서녀로 태어났지만 비참하게 살아야 하는 소실의 자리에 자발적으로 찾아 들어간 것이다. 첩살이가 싫어 결혼을 거부했던 그녀가 사랑 앞에서 약해지고 말았다. 시를 짓지 않겠다는 남편과의 약속을 어기는 바람에 파혼도 감수해야 했던 그녀는 임진왜란을 만나 순절하고 말았다. 중국인들은 『열조시집』에 이옥봉의 시를 편입시키며 그녀를 흠모하였다.

사임당 신씨의 손녀로서 이시발(1569~1626)의 첩이었던 덕수 이씨의 경우, 후손이 쓴 발문에 따르면 그녀는 덕행이 남다르고 그림과 시에 능했으며, 10여 세에 문장을 이루고 백가서에 통달했다. 형조판서를 역임한 남편 이시발은 아내의 제문에서 "총명하고 영특한 재주와 단정하고 정숙한 자질이 보통 규수에 비할 바가 아니었네. ……애통한 말은 여기서 끝나지만 정은 끝이 없네."라고 슬퍼했다. 덕수 이씨는 열악한 첩의 신분에도 불구하고 주도적으로 삶을 살았던 면모를 보여준다.

5
이혼과 재혼의 허용

조선 중기 이전까지는 성적 규제가 눈에 띄지 않았으며 오히려 자유로운 분위기가 지배적이었다. 성적으로 자유분방함은 사회적인 혼란 속에서 야기되는 지배층의 도덕적 타락으로 볼 수 있지만 우리 전통사회의 성문화가 비교적 개방적이었던 점도 간과할 수 없다. 그러나 조선 중기 이후 엄격한 성리학적 윤리로 인해 성에 대한 사회적 태도는 관용적이지 못했다. 이때부터 지속된 성관습으로서의 여성의 정절 문화는 가문의 도덕적 우월성을 보장하고 국가의 기강을 바로잡는 데 큰 방편이 되었으며, 이혼이나 재혼 등 혼외의 탈규범적 행위는 윤리적 지탄의 대상이요 사회적 제재를 받게 되었다. 그럼에도 불구하고 여성들의 성적 자유와 일탈은 멈출 수 없었다.

■ 이혼의 허용

　가족의 해체는 가족 간 통합의 실패나 정상적인 가족 기능의 붕괴로 인해 가족 구성원의 결속이 훼손되는 광의의 의미와 더불어 별거, 이혼, 유기, 사망 등으로 혼인 관계가 파괴되는 협의의 의미가 있다. 이렇게 다양한 가족 해체의 의미나 방식 가운데 가장 대표적인 것은 이혼이라고 할 수 있다. 이혼은 결코 장려될 수 없는 것이나 인내만으로 해결될 수 없는 불가피한 상황에서 탈출구가 된다는 점에서 본질적으로 성적 자유에 해당한다.

　물론 동서양을 막론하고 근대 이전의 전통사회에서는 각 사회마다 이혼의 허용 여부나 이혼 요건 등에서 차이를 보여왔다. 그러나 원칙적으로 이혼은 사회적으로 공인받은 남녀의 결합관계를 파기하는 행위로서 사회의 기초 단위인 가족의 해체를 초래하는 것이기 때문에 각 사회마다 이혼에 대해 일정한 제한을 가해왔다.

　우리나라의 경우 여성들의 정절은 시대를 넘어 미덕으로 칭송되었으며 조선 후기에는 정표정책을 통해 정절 관념이 사회 전반으로 확산되어 첩도 수절할 정도였다. 열녀가 쏟아져 나오던 조선 후기의 대표적인 정절은 왕실의 여성에게서도 찾아볼 수 있는데, 영조의 둘째 딸인 화순옹주(1720~1758)는 남편

월성위 감한신(1720~1758)이 병으로 세상을 떠나자 14일 동안 식음을 전폐한 끝에 자살하고 말았다. 조선왕조에 남편을 따라 목숨을 바친 왕녀로는 화순옹주가 유일하다.

하지만 이혼은 14세기까지도 여성에게 약점으로 인식되지 않아 이미 결혼했던 여인이 왕의 배필도 될 수 있었다. 『고려사』(열전 1)에 따르면 성종(961~997)의 비인 문덕왕후 유씨는 처음에 홍덕원군과 결혼하여 자식까지 낳았다가 사후에 총각이었던 성종과 재혼하였다. 유씨는 광종과 대목왕후 황보씨 사이에서 태어난 딸로서 성종과 혼인할 때, 그 성씨를 자신의 할머니(광종의 어머니)인 신명순성황후 유씨의 성을 따랐다. 남편이 마음에 들지 않으면 여성이 이혼을 제기하는 경우도 있었다. 충숙왕(1294~1339)의 후궁이 된 수비 권씨(?~1340)는 좌상시 권형의 딸로 애초에 밀직상의로 있던 전신의 아들에게 시집갔었는데, 『고려사』(열전 2)에 의하면 왕의 배필이 되기 위해 본남편과 이혼한 것이 아니라 결혼 초부터 남편이 마음에 들지 않아 이혼하려 생각해왔었다고 한다.

15세기에도 남녀 불문하고 재물욕이나 명예욕 등에 따라 이혼이 가능했다. 유년 시절에 호랑이를 산 채로 잡았다는 이야기를 전하며 조선 건국 이후 최초로 황제를 칭했다는 이징옥(1399~1453)은 청렴결백하기로 유명했다. 『오산설림초고』에 따르면 이징옥의 부인 벽진(성주의 옛 지명) 이씨는 남편의 출세가 늦은 것에 싫증을 느껴 남편을 버리고 다른 남자와 결혼하였다. 또한 세종실록에 따르면 무고하게 많은 사람을 죽이고 불법으로 재산을 강탈하기로 유명한 홍윤성(1425~1475)이 세조에게 부인이 지혜롭지 못해 이혼하겠다고 허락을 요구하자 세조가 "경의 집안일인데 하필 나에게 물으리오?"라고 하여 홍윤성은 부인과 이혼하였다. 이로써 조선의 양반들이 이혼하기 위해서는 왕의 허락을 받아야 했다지만 15세기까지도 이혼은 개인의 문제로 취급되어 조정의 제재를 받지 않았음을 알 수 있다.

서민들은 양반과 같은 정치적인 불이익도 없고 재혼의 조건도 까다롭지 않아 부부간의 합의에 따라 이혼할 수 있었다. 더구나 사대부들의 결혼은 가문 간의 약속이기 때문에 성격이나 애정 등에 문제가 있어도 결혼생활을 유지해야 했지만 서민층의 경우 이 같은 제약이 덜했으므로 이혼율이 높았다. 서민층에서도 이혼의 사유는 대개 칠거지악이었는데, 절차상 '사정파의(事情罷議)'라는 부부간의 합의를 거쳐 헤어졌다. 헤어지기 싫으나 부득이 헤어질 수밖에 없을 때 부부가 마주 앉아 사정을 얘기하면서 서로 승낙하는 이혼 방식을 말한다. 『조선여속고』(10장)에 따르면 이때 지아비가 아내에게 또는 그 반대로, 웃옷 깃의 한 자락을 가위로 잘라주는데 이를 '할급휴서(割給休書)'라고 했다. 이혼 요건에 해당하는 증빙물을 통해 이혼이 성립되었던 것이다.

실록(성종 10년)에 우승지 이경동이 노비인 근비가 간통한 사건을 세 번이나 반복하여 아뢰었다는 기사와 함께 다음과 같은 사건의 내막이 실려 전하는 사례에 주목할 수 있다. 즉 성종 때 이경세라는 사람의 딸은 납폐의 혼인 절차를 다 끝내놓고 다른 사람한테 시집을 가서 임신까지 했다. 혼인하기로 약속했던 집안에서는 괘씸하여 고소하기에 이르렀는데 법적으로 납폐도 엄연히 결혼이었기 때문이다. 성건(1439~1496)은 성품이 충직하여 사람들의 신망이 두터웠는데, 실록에서 성종 10년 10월 26일 성건이 이경세 딸의 위약 혼인 문제를 아뢰었다고 적고 있다. 이와 같이 뚜렷한 이유나 근거 없이 파혼(이혼)을 하는 데서 법과 현실의 괴리가 상존했음을 알 수 있다.

안타까운 것은 이혼 가운데는 부귀와 권력을 좇는 남편들에 의해 여성들이 일방적으로 버림받는 경우가 많았던 점인데, 조선시대에 이혼이라는 용어 대신 버린다는 뜻의 '휴기(休棄)'나 내쫓는다는 뜻의 '출처(出妻)'라는 말들을 사용했던 것도 이 때문이다. 혼인 관계를 파기하는 행위에 대하여 오늘날에는 '이혼'이라는 용어로 통일하여 사용하고 있지만, 조선시대에는 혼인이 파기되는 요인이나 그 방법에 따라 이이(離異)·출처(出

妻) · 기별(棄別) · 기처(棄妻) 등 다양한 용어들이 사용되었다. 이 가운데 '이이'는 합법적인 이혼을 가리키는 것으로 국가에서 공식적으로 이혼을 강제하거나 허락할 경우에 주로 사용된 반면, '출처' · '기별' · '기처' 등은 사실상 혼인관계가 파기된 상태를 나타낼 때 주로 사용되었다.

■ 재혼의 감행

지금도 이혼에는 힘든 결단이 요구되지만 불행을 다시 경험하고 싶지 않은 두려움에 재혼은 더욱 망설이게 된다. 그럼에도 불구하고 성적 자유를 구가하고 싶은 심정은 재혼을 감행하게 만든다.

유목사회의 풍습으로 부여나 고구려에서는 '형사취수(兄死娶嫂)'라 하여 형이 죽으면 동생이 형수를 부인으로 맞았다. 삼국시대까지는 정절이 크게 현창되지도 않았으며, 고려시대에도 수절하는 여인을 포상은 했으나 사회윤리로 강요하지는 않았다. 고려시대 불교에서는 쌍무적 정절 이데올로기에 따라 재혼이 규제되지 않았고 유교에서도 남녀 모두 정절이 중시됨은 물론 남편처럼 부인의 재가 역시 허용되었다. 여성의 재혼에 대한 법적 규제는 성리학이 수용되는 고려 말 공양왕(1345~1394)

때 처음 논의되었다. 그것도 고위 공직자 부인들의 재혼을 금지하는 상소에 지나지 않았다. 규제는 필요에서 나오는 만큼 당시 과부의 수절이 드물었다.

고려시대 재가가 성행하여 왕비 가운데도 재혼녀가 있었다. 앞서 말했듯이 고려 성종의 비인 문덕왕후 유씨를 비롯하여 충렬왕의 숙창원비 김씨는 왕과 혼인 이전에 이미 시집갔다 돌아온 과부였다. 고려 말 충선, 충숙 등의 왕들은 이혼녀를 왕비로 자연스럽게 맞아들였다. 명종 때 감찰어사를 역임한 이승장(1137~1191)의 어머니는 재가할 때 권지감찰어사를 지낸 전남편 이동민의 아들인 이승장을 데려갔다. 이승장의 묘지명을 보면, "어머니는 새아버지에게 유복자(이승장)가 다행히 잘 자라 학문에 뜻을 둘 나이가 되었으니, 그 친아버지가 생전에 다니던 사립학교에 입학시켜 뒤를 잇게 해야지 그렇지 않으면 죽은 뒤에 내가 무슨 낯으로 전남편을 보겠어요?라고 말씀하셨다."라고 적고 있다. 재혼녀의 뜻에 따라 새아버지가 결단해 이승장을 사립학교인 솔성재(9재학당의 하나)에서 공부시켜 친아버지의 옛 학업을 뒤따르게 했다고 한다. 재혼이 여성의 결함으로 여겨지지 않았음을 의미하는 단적인 사례이다. 대경 이서의 아내도 딸을 데리고 재혼하였다. 고려시대 상류층의 자유로운 분위기는 서민들에게도 크게 번져 여자가 남편의 자식들을 데리고 재혼하는 일도 꽤 많아졌다. 50세 이상의 과부들도 재가하는 경우가 많았다.

조선 태종 때 양반 집안 삼가녀의 경우 자녀안에 올리도록 했으나 성종대까지 남편이 죽은 후 개가하던 고려의 관습이 그대로 지속되었다. 심지어 태조나 태종도 결혼 경험이 있는 여성을 후궁으로 맞이했으며, 태조는 아들까지 있는 유씨라는 여성을 후궁으로 삼기도 했다. 세조 13년에 좌참찬 김개(1405~1484)의 어머니가 세 번이나 출가했음에도 불구하고 김개가 1품까지 오르게 된 것으로 보아 사실상 자녀안 제도가 엄격히 실시되지 않았음을 알 수 있다.

재혼에 대해 그다지 문제 삼지 않던 조정은 격렬한 논의 끝에 『경국대전』에 '재가한 여성의 자손은 과거에 응시하지 못한다'는 규제 조항을 싣기에 이르렀다. 재가를 반드시 금지할 필요가 없다는 중론에도 불구하고 통치이념에 따라 법규를 제정한 것이다. 사실은 자손들의 관직 진출을 봉쇄함으로써 양반 수를 제한하려는 조처였다. 법이 제정된 후에도 재혼이 근절되지 않아 중종 연간까지도 양반가에서 나이 어린 과부 딸을 재혼시키는 경우가 적지 않았다. 초혼과 달리 재혼할 때 여성들은 상대를 미리 보아 마음에 들지 않으면 결혼을 물리는 경우도 있었다.

남원의 한 과부는 홀아비 정모의 청혼을 받아들여 만나기로 하고 먼저 계집종을 보내어 정모의 행동을 살피게 했다. 돌아와 "수염이 많은 데다가 털모자를 썼으니 늙은 병자임에 틀림없습니다." 하므로 과부가 만나주지 않자 정모는 할 수 없이 되돌아갔다(『용재총화』 권6). 한편 한 재상의 딸이 시집간 지 얼마되지 않아 과부가 되었다. 딸이 괴로워하는 모습을 목격한 재상은 자기 집에 드나드는 미혼의 한 무관을 불러 교자*를 준비하여 뒷문에서 기다리라 했다. 그리고 딸에게 북관(함경도)으로 가서 종적을 감추고 조용히 살라고 당부했다(『계서야담』). 이렇듯 최고위층에서까지 과부의 재혼이 비공개적으로 이루어졌다.

조선은 명분상 남성 중심의 사회라 해도 과언은 아니다. 그러므로 과부들은 성적 욕구에 있어 제한을 받아야 했다. 그런 가운데 약탈혼의 형태를 띤 '보쌈'은 재가가 자유롭지 못하던 조선 사회에서 비공식적으로 이루어지는 재혼의 일종이었다. 서민사회, 특히 하류층에서 성행되었던 보쌈은 수절과부가 노총각이나 홀아비를 납치해 오는 방식이었다. 원래 보쌈은 남편을 둘 이상 섬겨야 할 팔자를 지닌 딸의 액땜을 위해 양반집에서 남자를 보로 싸서 약탈하여 동침을 시키던 것으로 통정하

---

*　조선시대 종1품 이상의 당상관이 타던 가마로 앞뒤로 두 사람씩 네 사람이 어깨에 멘다.

면 그 처녀는 과부의 액운을 벗어났다고 믿으며 다른 곳으로 편안하게 시집갈 수 있었다. 이 밖에 소박맞은 여인으로서 친정에 돌아가기도 힘든 처지가 되었을 때 이른 새벽에 서낭당에서 보쌈해가기를 기다리는 경우도 있다. 한편 노총각 같은 남정네들이 과부를 보에 싸서 데려다가 혼인하는 풍습도 있는데, 이 과부 보쌈에는 합의와 강제의 방식이 있었다.

조선의 많은 여성들은 열녀로서 표창받기보다는 자신의 행복을 찾아 재혼하기를 소망했다. 『패관잡기』에 보면 무인 하정이 기묘사화가 일어난 뒤 칠원(함안의 옛 지명)현감으로 좌천되었다가 김해부사로 재직하고 있을 때 도망 중에 있던 김식을 숨겨주었다가 탄로나 체포, 처형당했다. 그리하여 하정의 첩 강씨가 과부가 되었는데 그녀의 어머니가 개가를 종용하자 그녀는 못 이기는 척하고 받아들였고 재혼 후의 사랑이 전보다 두터워 늘 규방 안에 거처하면서 마치 목을 서로 기대고 있는 원앙새 같아 사람들이 웃었다고 한다.

열녀관에 대한 비판은 조선 중기 관료이자 의병장이었던 조헌(1544~1592)을 비롯하여 조선 후기 이긍익(1736~1806), 박지원(1737~1805), 정약용(1762~1836) 등 실학자들을 통해 잘 드러난다. 특히 유학자 조헌은 국가의 재혼 금지가 여인의 탈선 행위를 조장한다고 꼬집었다.

6
불륜(간통)의 성행

영화 〈처녀들의 저녁식사〉(1998)에서 간통죄로 고소당한 주인공 호정(강수연 분)이 분통을 터뜨리며 "언제부터 대한민국 검사들이 내 아랫도리를 관리해온 거니?"라고 하였다. 2015년 마침내 국가가 개인의 '성생활'을 간섭할 수 없다는 헌법재판소 결정이 나왔다. 이로써 많은 사람들에게 '주홍글씨'의 낙인을 찍어온 간통죄는 역사 속으로 사라지게 되었다. 재혼, 간통, 강간, 전쟁 등 다양한 원인으로 훼절이 가능하지만, 동서고금 성적 일탈과 유희를 가장 잘 보여주는 것은 간통이다. 조선시대에는 현대와 달리 남녀 기혼 유무를 막론하고 혼외 성관계를 가지는 것을 모두 간통으로 취급하고 간통(화간)을 저지른 자를 장형 80대로 다스렸다. 간통의 종류에는 그 성격에 따라, 합의에 의한 화간(和姦), 유혹에 의한 조간(刁姦), 강제의 의한 강간(强姦) 등으로 구분했다.

■ 불특정인과의 간통

무엇보다 왕실 여성들의 간통이 빈번했다. 일찍이 유화가 해모수와 사통하는 등 삼국 이전부터 자유로운 성관계가 팽배했다. 신라 사회는 성적으로 가장 자유스러움을 보여주었다. 『삼국사기』에 의하면 만명부인은 김서현과 야합하여 김유신을 낳았고, 문희(문명왕후의 본명)도 김춘추(603~661)와 통정하여 혼전에 임신하였다. 『삼국유사』에 따르면 남편이 전사한 후 혼자 지내던 요석공주도 결혼 형식에 구애받지 않고 원효(617~686)와 자유롭게 사랑했다. 『화랑세기』에 보면 소지왕의 비인 선혜왕후가 묘심이라는 화랑과 은밀한 관계를 갖고 오도라는 딸까지 낳았다. 왕실의 분위기는 민간에도 영향을 미쳤다. 풀무장이 딸도 신라의 유학자 강수(?~692)와 애정이 깊어 부모의 뜻을 거절했다.

고려시대도 마찬가지다. 태조 왕건의 손녀이자 목종의 어머니였던 천추태후(헌애왕후) 황보씨도 김치양이란 신하와 간통한 바 있다. 종친인 왕박(915~959?)과 혼인한 의종의 딸 안정공주도 영인(伶人), 즉 악사와 간통을 했다. 왕의 여자라는 궁녀들의 간통은 일반인보다 더 엄히 처벌되는데도 충렬왕 23년 (1297)에 궁녀 시거는 환관 김원려와 간통한 바 있다. 충혜왕이 권한공(?~1349)의 둘째 부인인 강씨가 미인이라는 말을 듣고 호군 박이날적(朴伊剌赤)에게 데리고 오라 했는데 박이날적이 먼저 간통하였다.

조선 초에도 궁중의 간통 사건은 빈발했다. 무엇보다 금기시되던 왕실 여성과 남자 종과의 간통 사건에 주목할 수 있는데, 실록(성종 6년)에 따르면 권덕영의 아내이자 태종의 손녀 (양녕대군 첩의 딸)인 이구지도 남자 종 천례와 간통하였다.* 세자 방석의 부인이었던 현빈 유씨는 내시 이만과 통정하다가 친정으로 쫓겨났다. 내시가 되는 경우는 여러 가지이나 자의든 타의든 고환을 잘라낸 후에야 궁궐에 들어갈 수 있었는데 성기능이 제거됐다고 성행위를 못하는 것은 아니었다. 세자빈이었던 봉씨는 여종인 소쌍과 동성애를 즐기다가 폐출되었는데, 궁녀들은 두 명씩 짝을 지어 살았기 때문에 동성애로 발전하기 쉬웠다. 세종은 궁녀 간 동성애가 만연한 사실을 알고 발각 시에는 장형 70대 이상의 벌을 내리도록 했다.

세조 때 판사를 지낸 정지담의 딸은 태조의 손자인 남편

---

*   이후 여기에 열거하는 조선시대 간통 사건은 모두 『조선왕조실록』에 근거한 것이다.

이치가 죽자 명복을 빌기 위해 절에 다니면서 여러 명의 승려와 정을 통했는데 그중에서도 정인사의 주지 설준과 가장 깊은 관계를 맺고 출산까지 했다. 정인사는 본래 요절한 의경세자(덕종)의 원찰*이다. 의경세자의 부인 인수대비는 정인사가 너무 졸속으로 지어진 것이 가슴 아파, 12년 만에 고승 설준을 초빙하여 거대한 규모로 증축한 바 있다. 봉선사와 더불어 조선 초기를 대표하는 절이 된 정인사의 주지였던 설준이 밤낮으로 비구니와 부녀들을 상대로 음탕한 행위를 즐긴 것이다. 한편 중종의 딸 숙정옹주(1525~1564)는 능창위 구한(1524~1558)에게 시집을 갔는데 35세밖에 안 된 남편이 죽자 사위와 간통하였다. 조선왕조에 공주나 옹주 중에 사약을 받고 죽은 유일한 경우로 모후인 문정왕후에 의해 사사되어 지금 고양시 덕양구 대자동에 묻혀 있다.

궁녀들이 관리들과 간통하여 궁궐 안에서 해산하는 일도 있었다. 숙종 때 궁녀 설례가 중 학혜와 간음하여 대궐에서 아들을 낳기도 했다. 태종 딸 숙근옹주(?~1450)의 궁녀인 고미가 별사옹 막동과 궐내에서 간통하여 임신했는데 고미는 부마였던 권공(?~1462)과도 간통한 사실이 있다. 궁녀들과 별감의 간통

---

* 망자의 명복을 빌기 위해 건립한 사찰이다.

사건은 드러난 것보다 감추어진 것들이 훨씬 많다.

조선 사족 여성들의 간통 사건은 수없이 발생했다. 그녀들
이 관계한 상대는 사대부만이 아니라 종, 승려 등 다양했다. 심
지어 중추원부사 곽선의 첩 어리는 태종의 장남 양녕대군(1394
~1462)과 사통하여 아이를 낳기까지 했다. 사족 여성과 남자
종과의 사통은 매우 금기시되었는데도 사건은 빈번히 일어났
다. 당시 대학자로 통하던 변계량(1369~1430)의 누나는 첫 남
편 박충언에게서 성적 만족을 얻지 못하자 집안의 노비인 포대
와 사안 두 형제와 밀애를 즐겼다. 남편 박충언이 있을 때부터
그 종들과 부정한 관계를 맺었고 남편이 죽은 지 1년 만에 박원
길과 재혼했으나 얼마 되지 않아 포대와 사안을 다시 불러 통정
하기에 이르렀다. 공신 반열에 있던 박포(?~1400)의 아내는 남
편이 죽자 종을 불러 욕정을 채우기 시작했고 남편의 친구였던
황희(1363~1452)와도 부적절한 관계를 이어갔다.

세조 때 진사 김귀석의 아내 이씨는 과부가 되자 세종의
둘째 딸 정의공주의 남편이요 자기 일가인 안맹담(1415~1462)
집의 사방지라는 종과 10년 동안 잠자리를 같이했다. 이씨는 장
영실의 스승이자 조선의 과학자로 명성이 높았던 세종 때의 재
상 이순지(1406~1465)의 딸일 뿐만 아니라 이씨의 아들은 영의
정을 역임한 하동부원군 정인지(1396~1478)의 사위이다. 성종

때 경상도 함창(상주의 옛 지명)에 사는 옛 성주목사 김유선의 딸이 그의 오빠 김진생의 종과 사통하였다. 숙종 시절 선비 박동필의 아내는 남편이 죽고 겨우 1년쯤 지나 이웃집 득철이라는 종과 간통을 했다. 노복과 간통하여 남편에게 버림받은 어머니를 둔 어우동(1430?~1480)이 교형에 처해진 큰 이유 가운데 하나도 노비와 간통했기 때문일 것이다.

태종 때 중추원부사 조화의 아내 김씨는 문하시랑찬성사 김진(1500~1580?)의 딸로 일찍이 남편이 장모와 간통하는 것을 보고 자신도 고관인 허해와 자유로이 성행위를 즐겼다. 김씨는 당시 천민이나 다름없던 중*과도 정을 통하고 자기 종과도 간통하는 등 음란하기 그지없었다. 조화가 죽은 다음 57세나 된 김씨는 강직하기로 소문난 영돈녕부사(정1품) 이지(?~1414)의 후처로 들어갔다가 남편의 기력이 떨어지자 외간 남자와 몸을 섞었다. 한편 세조 때 공신 이응의 손녀 이씨는 단양군사 남의와 결혼은 했으나 남편의 용모에 실망하며 사랑 없이 살다 남편이 죽은 뒤 중을 유혹하여 사통하기에 이르렀다.

세종조 어리가는 병조참판 이춘생(?~1430)의 딸로 부모

---

* 서거정(1420~1488)은 상소문을 통해 부녀자들이 출가하는 이유를 자유로이 음행을 저지르기 위함이었다고 하면서 비구니를 탕녀로, 고승을 음부라고까지 했는데, 당시 관료들도 이와 비슷한 생각이었다.

를 봉양하기 위해 모든 관직을 버렸다는 별시위 이진문(1573~
1630)의 아내였는데 남편 상중에도 돌아다니며 음란한 행동을
하고 많은 사내들을 희롱했다. 어리가와 그녀의 동생은 이의산,
허파회, 문사 등과 파트너를 교체하며 통간까지 했다. 세종은
사족 여성들의 간통 사건이 꼬리를 물자 "남녀의 욕구를 어찌
법령만으로 막을 수 있겠는가"라며 유화적인 입장을 취했다. 단
종 때 군무를 총괄했던 인물이며 사육신의 한 사람으로 현창되
기도 하는 김문기(1399~1456)의 딸이자 의안대군(태조 아우)의
증손자 이번(1463~1500?)의 처인 김씨가 임중경과 간통하였
다. 발기부전 증세가 있는 남편에 실망하고 지내던 김씨는 시아
버지 이효경이 풍질을 앓자 시어머니 설씨가 외간 남자들과 통
정하고 있음을 알게 되었다. 집안의 종들뿐만 아니라 이웃집 김
한과도 간통하고 여동생의 남편인 이군생과도 간통하던 시어머
니의 대담한 애정행각을 지켜본 김씨는 가까이 사는 임중경이
정력이 좋다는 소문을 듣고 먼저 몸종을 보내 시험해본 뒤 동침
을 했다.

광해군 6년(1614)에는 김제군수 시절 기생 매창을 사랑했
던 이귀(1557~1633)의 딸 이여순과 찬성 오겸(1496~1582)의
서자인 오언관과의 간통 사건이 일어났다. 오언관은 김자겸과
우정이 돈독한데 김자겸의 집에 드나들면서 그의 아내 이여순

과도 친하게 지냈다. 문제는 남편이 죽은 뒤에도 이여순은 오언관과 만남을 이어갔던 것이다. 인조반정의 주역이 되는 이귀의 딸답게 이여순은 장부다운 기개를 드러내는 「자탄」이라는 시로도 유명하다.

한편 태종 즉위 7년(1407년 11월 28일) 충청도 연산의 백성 내은가이라는 여인은 이웃집 남자 강수와 사통을 한 다음 내연남과 짜고 남편을 살해한 뒤 시체를 땅에 묻어 유기한 죄로 거열형에 처해진 바 있다.

■ 근친상간

미실(?~609 추정)이 숙모의 남자 진흥왕과 사랑을 나누고 동륜태자와 관계를 갖는 것이 신라인들에게는 불륜이 아니었다. 고려시대 경종의 계비이자 천추태후(헌애왕후)의 동생 헌정왕후 황보씨도 이복숙부인 안종(?~996) 왕욱과 정이 들어 아이(훗날의 현종)까지 낳았다. 왕욱은 태조 왕건과 신성왕후 사이에서 태어난 외아들로서 현종의 아버지가 된 것이다. 충선왕비 허씨(?~1335)는 일찍이 왕현과 결혼하여 7남매를 두었으나 남편이 죽자 1308년에 충선왕에게 개가하였는데 왕이 죽자 숙부와 관계를 맺어 아이까지 낳았다(『선화봉사고려도경』).

인륜에 가장 위배되고 사형을 면키 어렵다는 근친상간이 유사 이래 많았는데, 조선시대에 더욱 심했던 것은 근친에 해당하는 친족의 범위가 너무나 넓고, 남녀가 쉽사리 만날 수 없는 사회구조가 원인이기도 했다. 세종조 수십 명의 사대부들과 간통했던 감동도 고모부 이효례와 통정하고 숙부 정탁(1526~1605)의 첩이 되기도 했다. 성종조 간통 사건으로 사형까지 당한 어우동은 팔촌 시아주버니 수산수 이기와 육촌 시아주버니 방산수 이난 등 종친의 시아주버니들을 돌아가며 건드렸다. 세종조 관찰사 이귀산(?~1424)의 처 유씨가 먼 친척이었던 승지 조서로(1382~1445)와 간통하자 사형에 처한 바 있으나 4년 뒤 감동 사건 때는 감형해 유배를 보냈으며, 그 이후로 간통 사건들은 유배를 보내는 것이 관례가 되었다.

조선시대 가장 반인륜적인 직계 친족 간의 간통도 많았다. 중종 시절 영산(창녕의 옛 지명)현감 남효문이 조카인 남순필을 수양아들로 삼았는데, 남효문의 아내 소옥은 남순필에 대해 음탕한 마음을 품고 간통하기를 오랫동안 계속해왔다. 사족의 여성으로서 남편이 엄연히 살아 있는데도 아들과 통간하는 엄청난 사건이었다. 심지어 양아들과 간통하여 임신하는 경우도 있었는데, 실록(세종 14년)에 의하면 소근소사라는 여인은 양아들 변득비와 간통해 임신까지 하였다. 광해군 때 아들 문신이 아버지 문홍도(1553~1603)의 첩(서모) 명개와 간통하면서 전국을 충격에 빠뜨렸는데 조선시대에 아들이 아버지의 첩을 간음한 일은 사실 많았다.

17~18세기에 크게 발달한 장승의 기원에는 여러 설이 있지만 홀아비인 아버지와 딸의 근친상간의 설화가 얽혀 있기도 하다. 한편 영조 때 문두장이라는 자는 그 며느리 아지와 간통하였다. 중종 때 포천의 계집종 난덕이 그 시아버지 간아지와 간통을 하고 나서 시아버지와 공모하여 남편 신계손을 죽이는 끔찍한 일이 발생했다. 오늘날과 마찬가지로 조선시대에도 살인 사건이 많이 발생했는데, 그중에서도 성범죄와 관련된 치정살인 사건이 많았다. 그리고 치정살인의 형태는 간통에 의한 살인 사건이 대부분이다. 며느리와 시아버지 사이의 간통은 대체로 조혼의 풍습으로 발생했다.

근친상간 중에도 입에 오르내리기 부끄러운 사이인 장모와 사위 간의 간통이 가장 많은 편이었다고 하는데 이는 조선 중기까지의 처가살이 풍속의 전통이 있었기 때문이라 본다. 처제와 형부 또는 처형과 제부 사이의 간통 사건도 비일비재했다. 현종 때 궁녀 귀열은 서리 이홍윤과 간통하여 임신까지 했는데 이홍윤은 그녀의 형부이기도 했다. 궁녀 아지도 형부와 간통하였다. 남매 사이의 간통도 많았을 것으로 추정된다.

영조 때 홍점이라는 과부는 그 남편의 조카인 권도량과 간통하였다. 한편 진주 사람인 군관 정은부의 처인 정학비가 친정어머니의 주선으로 남편의 이종 오촌 조카인 하치성과 간통했으며, 친정어머니 공씨도 남편 정미가 죽자 남편의 조카뻘 되는 정윤례와 간통했다. 많은 사대부·공신의 아내들은 남편이 오랫동안 변방에 나가 있는 틈에 바람을 피웠다. 그러므로 무인 곽충보(?~1403)*와 간통한 개국공신 김인찬(?~1392)의 아내 이씨가 "혼자만이 사대부 여인으로 음란한 생활을 한 것이 아니다."라고 주장했던 것이다. 사실 김인찬의 처 이씨는 강세손과 첫 결혼을 했다가 남편이 일찍 죽자 남편의 종질인 강대평, 강승평과 차례로 간통한 후 김인찬과 재혼했다. 그 뒤 김인찬이 죽자 다시 공신 곽충보와 정을 통한 것이다.

능성군부인 구씨는 참의를 지낸 신충의 딸인데, 태종의 후손인 덕성군 이민(1430~1473)의 후처로 시집을 갔다. 이민은 성실하고 학문을 좋아했으나 병약하여 43세에 별세하였다. 구씨는 남편 이민이 일찍 죽는 바람에 청상과부가 되었고, 외롭게 살던 중에 언니의 아들인 이인언을 사랑하여 아들까지 낳았다. 또한 태종 때 지중추원사 유은지(1370~1441)의 딸이자 별시위

---

* 위화도에서 회군하여 최영을 붙잡아 유배하고 우왕을 폐위하며 창왕을 세웠다.

(국왕 호위부대) 이석철의 처 유씨도 조카와 간통을 했다. 그러나 패륜을 고발한 남편 이석철도 처제와 통간하였다.

　『조선왕조실록』에는 위에서 밝힌 것 이외에도 간통 사건 기사가 수없이 많이 나온다. 조선 중기 이후 당쟁 등으로 나라가 어지러워지며 실록에 간통 사건에 대한 글들이 줄어들었지만 그런 기록이 없다 하여 간통 사건이 준 것은 아니었다. 세종 때 간행된『삼강행실도』가 반포된 후 백 년 사이에 다섯 번이나 빈번히 간행되었다는 것은 제도적으로 정착시키기 위한 장려의 측면도 있지만 반대로 그 당시 성에 관한 윤리 의식이 철저하게 수용되지 못했음을 반증하는 것이기도 했다. 성적 윤리가 강조되던 시대였기에 오히려 간통과 같은 일탈이 더 많았을지도 모른다. 조선 문화의 황금기인 정조, 순조에 이르기까지 불륜은 지속되었다.

7
왕실 여성의 지위와 역할

―――――――

　남성이 여성보다 우월하다는 믿음은 정치적 또는 경제적인 지위와 권력을 남성이 독점하는 것을 정당화하는 데 활용되어왔다. 이에 우리의 여성사를 비춰보면 어느 정도 일치되기도 하나 우리의 여성이 남성보다 열등하다고 하는 인식은 상당 부분 수긍할 수 없다. 더구나 심하게는 가부장제에서 여성의 역할이 무엇이든지 간에 여성을 물건처럼 다룬다고도 하는데, 그게 가부장제의 특징이라면 우리의 가부장제는 그에 부합하지 않는다고 할 수 있다. 우리의 가부장제를 어느 시기로 잡느냐에 따라 다르기는 하겠으나 우리의 여성들, 즉 왕을 비롯하여 공식적으로 정치에 참여할 수는 없으나 대비, 왕비, 후궁, 공주들은 자신의 자리에서 할 일을 다 하였다.

■ 여왕 및 대비

여성이 국가신으로 숭배되고 제사장으로 군림하던 전통이 뿌리 내리고 있던 사회가 여왕을 탄생시키는 중요한 배경이 되었을 것이다. 신라에 세 명의 여왕이 존재했다는 점은 우리 역사에서 전무후무한 놀라운 사실로 이는 골품제에 따른 것이다.

선덕여왕(?~647)은 한국사 최초의 여성 임금으로 16년간 통치한 위엄 있고 총명하며 어진 성품을 지닌 인물이다. 남편 복은 없었으나 정치가로서의 자질은 뛰어나 집안 남자들에게 왕권을 넘겨주려는 아버지 진평왕에게 덕만(선덕여왕의 본명)은 당당히 "내가 왕이 되겠소."라고 주장하였다. 그녀는 당나라의 따가운 질투의 시선에도 아랑곳하지 않고 황제를 자처하듯 과감하게 '인평(仁平)'이라는 연호까지 사용했다. '향기로운 황제의 사찰'이라는 뜻으로 '분황사(芬皇寺)'를 세운 그녀는 신라를 세계의 중심으로 만들고자 했다. 선덕여왕은 정확한 판단력으로 김춘추, 김유신 등 통일의 역군을 기르며 삼국통일의 기반을 닦아나갔다.

진덕여왕(?~654)은 키가 7척이나 되고 팔이 무릎 아래로 내려올 만큼 건장하고 아름다웠다고 한다. 선덕여왕의 사촌동생인 그녀는 즉위하자마자 인사 혁신과 더불어 군사 조직을 정비하고 행정 체제를 새롭게 하는 등 국가 통치 질서를 더욱 체계화하였다. 무엇보다 그녀는 외교 능력이 뛰어났으며, 비단에 〈태평송〉을 수놓아 당 3대 황제 고종(628~683)에게 보냈다. 당에서 선덕을 '덕은 있으나 위엄이 없다'고 한 데 비해, 진덕을 먼저 '계림국왕'에 책봉했을(『구당서』) 만큼 그녀의 외교적 정치 역량은 뛰어났다.

진성여왕(?~897)은 신라 말 국력이 약화되어갈 때 구원의 지도자로 등장했다. 많은 남성 왕들이 개인적인 권력의 욕심으로 아들을 죽이고자 했던 것과 달리 진성여왕은 사심 없이 스스로 권좌에서 물러난 최초의 왕이다. 더구나 자신의 아들이 둘 있었으나 오빠 헌강왕의 서자인 김요(제52대 효공왕)에게 왕위를 물려줄 만큼 덕이 있는 왕이었다. 문란한 행실로 국가정치가 혼란스러워지고 국가재정이 위태로워져 민심의 동요와 함께 농민반란이 일어나기도 했으나 진성여왕은 오직 운명이 다해가는 국가의 위기를 극복해 보겠다는 생각뿐이었다.

대비(왕대비의 줄임말)는 왕을 낳은 자로서 막강한 권력을 지닌 실제적 군주로 인식돼 '여주(女主)'로 불렸다. 남편을 잃은 왕후(죽은 왕비를 뜻함)는 누가 보위를 잇든 간에 왕대비가 되었다. 왕위 계승자가 없을 경우 후계자를 결정해 왕위를 잇게 했고, 왕실의 최고 어른으로서 어린 국왕을 대신하는 섭정 즉 수렴청정도 해야 했다. 대비에게 섭정토록 한 것은 왕위 찬탈의 위험을 예방할 수 있기 때문이었다. 실제로 대비의 섭정은 평화적인 왕위 계승에 기여할 수 있었다.

삼국시대에 섭정을 했던 왕비에는 태조 모후와 지소태후 두 명이 있다. 고구려 6대 태조왕의 어머니 해씨는 일곱 살밖에 안 된 아들을 대신하여 한국사 최초로 섭정정치를 했는데 태조의 아버지가 있음에도 어머니가 섭정을 한 것은 놀라운 사실이다. 법흥왕의 동생 갈문왕의 부인인 지소태후는 7세에 즉위한 신라 진흥왕의 모후로서, 진흥왕 초기 약 11년 동안 청정하면서 크게 영토를 확장하고 원화제도를 창시할 만큼 막강한 권력자였다.

고려시대 목종(980~1009)의 어머니 헌애왕후(964~1029)는 천추궁에 머물면서 제후의 어머니인 대비가 아니라 천추태후라 부르게 함으로써 고려를 황제국으로 만들려는 꿈을 꾸었다. 고려조 선종이 죽자 사숙태후 이씨와의 사이에 태어난 헌종(1084~1097)이 즉위했는데, 나이가 어리고 몸이 약한 헌종을 대신해 어머니인 사숙태후는 자신의 독자적 정치기구를 설치하는 등 수렴청정을 하며 전권을 휘둘렀다. 명덕태후 홍씨(1298~1380)는 아들 공민왕이 즉위한 뒤 대비가 되었고 공민왕이 별세하고 우왕(1365~1389)이 10세의 어린 나이로 즉위하자 항상 곁에서 국정을 보살폈다.

조선시대 대비의 지위에 올랐던 왕후는 모두 21명이며, 조선의 수렴청정은 총 일곱 차례로서 여섯 명의 대비에 의해 시행됐다. 성격이 대담한 세조의 비 정희왕후 윤씨(1418~1483)는 대비로서 19세의 연약한 아들 예종과 13세의 어린 손자 성종을 대신하여 조선 최초로 수렴청정을 했다. 두 번째 수렴청정을 한 명종의 어머니 문정왕후 윤씨(1501~1565)는 '조선의 측천무후(624~705)'라 불린 만큼 강력한 권력을 행사하며 20년간의 수렴청정이 끝나고도 정사에 관여한 것으로 유명하다. 순조비 순원왕후 김씨(1789~1857) 또한 헌종에서 철종 때까지 대비로서 수렴청정을 하며 권력을 크게 행사했다. 한편 인수대비 한씨(1437~1504)는 아들 성종이 어진 정치를 펴 백성들로부터 숭앙을 받는 데 크게 영향을 미쳤고, 세상과 소통하기 위해서는 '여자도 배워야 한다'며 『내훈』을 편찬하여 15세기 여성들을 문명의 세계로 이끌었다.

■ 왕비 및 후궁

왕비를 중전(중궁전의 줄임말)이라고도 하는 것은 왕비의 생활공간이 내전 가운데 가장 안쪽에 있었기 때문이다. 세 단계의 간택에 의해 결정되는 왕비는 품계를 초월하여 궁중 여인들로 조직된 내명부의 우두머리이자 관료들의 아내로 조직된 외명부의 수장이었으며, 왕비는 관료들에게도 충성을 요구할 권리가 있었다.

남편 우태가 죽은 후 소서노는 주몽(BC 58~BC 19)이 고구려를 세울 때에 그의 왕비가 되어 국사를 돕는 한편 백제의 시조 온조의 어머니가 되었다. 민족사관을 수립했다는 신채호(1880~1936)는 "소서노는 조선사상의 유일한 여제왕의 창업자일뿐더러, 고구려와 백제 양국을 건설한 자"(『조선상고사』)라고까지 말했다. 고국천왕과 산상왕의 비였던 고구려 우씨 왕후(?~234)만큼 정치력을 발휘한 여성도 흔치 않을 것으로 보는데 그녀는 왕보다 큰 권력을 누렸다. 신라의 알영(BC 53~?)은 혁거세와 결혼하여 13세에 왕비가 된 뒤 왕과 함께 나라를 다스려 성인으로 추앙받고 신격화되기도 했다. 신라 소지왕의 부인 선혜왕후는 자유분방한 여성 의식의 전형을 보여주었다. 한편 인도 아유타국에서 시집온 허황후(33~189)는 가야제국의 공동 시조요 부부 평등의 상징이 되었다.

왕건(877~943)이 궁예를 배반할 수 없다고 하자 "나라가 위태로울 때 의를 위하여 불의를 쳐야 한다."며 갑옷을 입혀주었던 유씨 부인(신혜왕후)은 고려 건국 후에도 왕좌에 오른 남편을 뒤에서 크게 도왔다. 광종(925~975)의 비 대목왕후 황보씨는 광종이 노비안검법을 만들어 노비를 해방하는 등 개혁정치를 실시할 때, 문제점이나 부작용 등을 들어 시행을 중지할 것을 건의하기도 했다. 선종(1083~1094)의 비 사숙태후 이씨는 현명한 판단력으로 왕을 도왔고 왕위를 둘러싼 싸움에서 대통을 잇게 한 온화하고 덕망 있는 왕비로 이름을 전하고 있다. 인종의 비인 공예태후 임씨(1109~1183)는 왕권 유지도 어려운 시절 누구도 함부로 대적할 수 없는 권력을 거머쥐었다. 슬하에 5남 4녀를 두었는데 아들 의종, 명종, 신종 등 삼형제가 왕위에 올랐다. 정중부, 이의방, 이의민 등 무인들이 날뛰던 난세에도 공예태후는 슬기롭게 정치력을 발휘해 왕실을 굳건히 지킬 수 있었다.

한편 이혼과 재혼이 자유로울 정도로 고려시대 여성의 지위가 상당한 수준이었던 만큼 엄숙한 궁중 질서에도 불구하고 왕비들 가운데는 성적 주체로서 자유로이 연애를 하거나 일탈을 감행하는 이들도 있었다. 고려 말 충렬왕비 제국대장공주(1259~1297)를 비롯한 원나라 공주 출신의 왕비들은 자국과의 친밀한 관계를 통해 고려 왕실의 권위를 높일 수 있었다.

정치적 이유로 '왕후'에서 격하된 여인들(예컨대, 장희빈)을 포함하여, 조선시대의 실제 왕비는 총 36명이었다. 쿠데타의 결행을 주저하던 이방원 몰래 기회를 엿보며 무기를 장만하면서 훗날에 대비했던 원경왕후 민씨(1365~1420)는 태종과 함께 집권을 획책하는 동지적 입장에 섰던 결단력 있는 여걸이었다. 순조의 비였던 순원왕후 김씨(1789~1857)의 경우 평범한 남자 왕보다도 통치자적인 자질이 우수하고 능력이 뛰어났다. 명성황후 민씨(1851~1895)는 세자에게 '백성이 근본이다'라고 할 정도로 어느 왕비보다 정치력을 소유한 인물이었다. 이 밖에도 많은 왕비들은 인간으로서의 과오도 있었으나 농사와 길쌈을 장려하기 위해 친잠례를 주관하는 등 공인으로서의 중요한 역할을 수행한 만큼 그녀들의 위상은 녹록치 않았다.

왕의 첩이라는 후궁은 내명부 가운데 정1품 빈에서 종4품 숙원까지에 해당한다. 궁녀와 마찬가지로 후궁은 공식적으로는 정치에 개입할 수 없이 내명부에서의 임무만 주어졌다. 그러나 최고의 권력자 가까이에 있는 후궁은 경우에 따라서는 정치의 흐름에 영향을 줄 수 있었고 역사적으로도 정치 참여와 함께 중요한 역할을 하였다. 그리고 원칙적으로 후궁은 왕비가 될 수 없지만 조선의 경우에 네 명이나 왕비에 올랐다.

신라의 『화랑세기』에는 화랑의 우두머리인 32명의 풍월주가 나오는데 제일 많이 등장하는 인물이 후궁 미실(?~609 추정)이다. 우리 역사상 가장 아름다운 여인 중 한 사람이었다는 미실은 마음대로 왕을 갈아치울 정도로 30년 동안 무소불위의 권력을 휘두른 신라의 걸출한 여성이다. 『고려사』에 따르면 고려시대에는 '비'라는 표현이 후궁을 지칭하는 데 사용되었던 만큼 후궁 역시 명실상부한 '왕의 부인'이었다고 할 수 있다. 정비와 후궁의 자녀들 또한 차별이 없었다. 충렬왕과 그 아들인 충선왕을 번갈아 모시며 행실에 절도가 없어 국가를 혼란에 빠지게 한 숙창원비 김씨도 후궁이었다. 한편 고려시대 왕의 후궁을 궁주,* 원주 등으로 부르기도 했다.

조선조 101명의 후궁은 왕비의 위상과 현격한 차이를 보이면서도 나름의 역할을 해냈다. 예종의 둘째 아들인 제안대군(1466~1525)의 가노에게 출가하여 자식 하나까지 둔 뒤 가무를 배워 기생이 되었던 장녹수(?~1506)는 다시 연산군의 후궁이 되었다. 반정공신 홍경주의 딸 희빈 홍씨(1494~1581)는 조광조를 몰락시키고, 타격받은 사림파가 50년 뒤 집권하면서 붕당 시대를 여는 데 결정적 역할을 한 중종의 후궁이다. 사림파 정치가 말기적 증상을 보이던 숙종 시기에 붕당정치의 해체를 촉진시키는 데 기여한 인물이 영조의 모친이자 숙종의 후궁인 숙빈 최씨(1670~1718)이다. 여종의 딸로 천하게 살 운명이었던 희빈

---

* 궁주란 고려시대부터 조선 전기까지 후궁이나 공주(왕녀)를 일컫던 칭호이다.

장씨(1659~1701)는 미모와 지략으로 후궁이 되고 아들 균이 세자로 책봉되면서 왕비의 자리에까지 올랐다. 평소 성품이 인자하여 현빈이라 존경받던 순조의 생모인 수빈 박씨(1770~1822)는 정조의 후궁이었다.

■ 공주 및 옹주

조선왕조에 재위했던 27명 국왕에게만도 35명의 공주와 77명의 옹주가 있었으나 이들에 대한 자료가 많지 않은 편이다. 최근에서야 조선시대 왕의 딸들을 다룬 책이 출간되기에 이른 것도 그런 의미에서 뜻있는 일이다.

고구려의 평강공주는 귀족과 결혼을 시키려는 부왕에게 맞서면서 제 발로 궁궐을 나갔을 만큼 파격적으로 행동했고, 궁에서 쫓겨난 그녀는 권력과 집안을 떠나 주체적으로 바보 온달을 선택하여 아내가 되고 의지적으로 남편을 훌륭한 사람으로 만들었다. 신라의 선화공주가 미천한 서동과 사통하고 있다는 내용의 노래 〈서동요〉는 왕실의 권위에 대한 도전이었다. 선화공주는 누명을 쓰고 궁궐에서 추방되는데도 변명하지 않았으며, 기득권을 과감하게 버리고 새로운 삶을 바라는 용기와 능력으로 왕비의 자리를 쟁취했다. 고려시대 숙종의 넷째 딸인 복녕

궁주(1096~1133)는 총명하고 효성스럽고 부지런히 부처님을 잘 섬겼으며 시집을 가서도 부도를 잘 지켜 엄숙하고 온화한 덕을 이루었으므로 그 큰 정절을 누구도 빼앗을 수 없는 어진 여인이었다고 『고려사』(열전 25)에서는 적고 있다. 고려시대에는 적서의 차별이 없었기 때문에 정비 소생이건 후궁 소생이건 왕녀는 무조건 궁주 또는 공주라고 불렸다.

조선시대 문종의 딸인 경혜공주(1436~1473)는 남편 정종이 단종 복위와 관련되어 능지처참되고 나서 순천의 관비로 전락했다. 순천부사 여자신이 사역을 시키려 하자 경혜공주는 "나는 왕의 딸이다. ……수령이 어찌 감히 나에게 관비의 사역을 시킨단 말인가?"라고 했다. 세조에게 저항했던 경혜공주의 자존심이 돋보이는 대목이다. 조선시대 공주나 옹주가 정치에 간여할 수 없는 것은 당연하지만 훈민정음 창제를 열정적으로 도왔던 세종의 둘째 딸 정의공주(1415~1477), 정조의 라이벌로 대립한 영조의 딸 화완옹주(1738~1808) 등 공주(옹주)들의 사회 참여의 의지와 행동은 만만치 않았다.

궁중 여성으로서 흔히 '빈궁(嬪宮)'이라고도 하는 세자빈도 있는데, 조선의 의경세자빈 한씨를 비롯하여 소현세자빈 강씨, 사도세자빈 홍씨 등에서 볼 수 있듯이 많은 세자빈은 비교적 불안한 가운데서도 역경을 극복하는 적극적인 삶을 살았다.

8
민간 여성의 위상과 역할

가부장제는 나라마다 다르게 작동하고, 같은 나라 안에서도 문화적 차이에 따라 여성이 겪는 가부장제의 억압은 달라질 수 있다. 가부장제 이데올로기에 대한 시각도 일관되지 않다. 영국의 소설가 메리 셸리(1797~1851)의 『프랑켄슈타인』(1818)은 여성의 강인함을 묘사함으로써 여성은 나약하다는 가부장제의 통념에 반기를 든 바도 있다. 우리나라의 가부장제도 나름의 적절한 이해가 필요하다. 신분의 높낮이보다 자신들의 역할에 충실했다는 점에 주목해야 할 것이다. 사대부가 여성들 가운데 '군자'로까지 불리며 자기 역할을 해냈던 인물들이 적지 않았던 사실 등에서 주체성의 논의는 설득력이 있다. 더구나 천민 여성에게서조차 주체적 존재의식이 엿보이는 점은 간과할 수 없다.

■ 사대부가 및 서민층 여성

도덕을 강조하는 성리학의 전래 이전까지 여성들은 비교적 자유로운 분위기 속에서 생활해왔다. 조선 건국 후 여성들의 생활이 제약을 받게 되는 직접적인 원인도 고려 말 여성들의 방만한 외출에 기인한다. 조선 초에도 사찰의 왕래 및 외박, 야외놀이에서의 추문 등 많은 사회적 부작용을 낳았다. 『경국대전』에 부녀자로서 절에 가는 자는 곤장 백 대에 처한다고 할 만큼 절에 가면 사건사고가 터졌다. 『용재총화』에서 볼 수 있듯이 왕의 거둥, 종교적 집회, 사신의 내왕 등 국가적인 행사 때는 부녀자들이 구경하러 길거리에 쏟아져 나왔다.

특히 무속이 성행하는 가운데 사대부 집안의 여성들이 무리를 지어 다니며 술을 마시고 즐겼다. 세조실록에 따르면 산이나 들에서 제사를 지내고 벌어지는 뒤풀이에서도 풍악에 맞춰춤을 추며 놀다가 날이 저물어서야 집에 돌아가곤 했다. 서민들의 경우도 봄나들이를 통해서 어느 정도 생활의 지루함을 푸는 등 가혹한 노동 대신 많은 자유를 가졌다. 이와 관련 『조선왕조실록』과 같은 사료에 나타난 여성들의 놀이 및 여가 활동은 매우 주목할 만하다.

전근대 사회에서 여성의 지위가 낮았던 것은 동서양을 막론하고 어느 나라의 역사에서나 볼 수 있는 일이다. 우리 전통 여성들도 사회 참여의 기회가 부족했으므로 여성의 독립적인 활동이나 능력으로 사회적 지위를 확보하기 어려웠다. 그러나 여성들이 수행하는 '접빈객'을 단순히 집안일의 연장이 아닌, 사적인 공간에서의 공적인 활동으로 볼 수 있다. 즉 남성들의 사회적 활동을 돕고 나아가 바깥세상과 만나며 다른 사람과 교류함으로써 여성들이 간접적으로 사회에 참여하게 된 것이다. 여성들의 '봉제사' 역할도 가정사에만 머무는 것이 아니라 집단의 화합을 도모하고 기강을 확립한다는 점에서 당시로서는 사회적인 기능을 가지는 것이었다. 조선시대 여성의 사회적 지위가 중세의 다른 나라에 비하면 매우 높은 것이었다는 학설이 대두되는 것도 이런 이유 때문이다.

무엇보다 역사적으로 사회적 자아로서의 모범을 보인 민간 여성들이 많았다. 백제 도미의 부인같이 시골에 사는 가난한 농부의 아내이지만 막강한 권력에도 굴하지 않고 부부의 신의를 중시하며 인간답게 살고자 했던 행위는 바로 우리 역사 속의 민간 여성이 지닌 주체적인 삶이라 할 것이다. 고려시대 호랑이와 싸운 효자로 유명한 최루백(1110~1205)이 직접 쓴 아내

염경애의 묘지명에는 남편의 아내에 대한 신뢰와 존경이 구구절절 스며 있다. 청백리인 남편 탓에 가난하게 살면서도 관직의 소중함을 알고 늘 격려해주던 아내의 갑작스러운 죽음에 그녀를 믿고 의지하던 남편의 애통함은 이루 말할 수 없었다. 한편 고려 말 충숙왕 때의 명신 윤택(1289~1370)의 아들인 학자 윤구생의 처 최씨의 경우, 시집온 뒤로 며느리의 도리를 다해 시부모를 봉양함은 물론 시누이를 정성들여 시집보냈으며 그 딸을 기르면서 마치 자기가 낳은 자식과 같이 하였다. 더구나 친척들이 혹시 굶주리거나 추워하면 부인 최씨는 옷과 음식을 주면서 자신이 굶주리는 것을 달게 여겼다

가부장제의 부당한 현실에 항의할 줄 알았던 조선시대『미암일기』로 유명한 유희춘(1513~1577)의 아내 송덕봉(1521~1578)을 비롯한 사족 여성들의 자존감 있는 모습과 활달한 기상은 높이 평가되어야 마땅하다. 미암 유희춘은 성품이 강직하고 청렴하여 학문에만 몰두하였기 때문에 생활형편이 넉넉하지 않았으므로 송덕봉은 밥하고 옷 짓는 것은 물론 집을 새로 짓고 재산을 증식하는 것 등 가정경제를 모두 책임져야 했다. 그리하여 때때로 송덕봉은 생활력이 부족한 남편의 융통성 없는 성품을 깨우치려고도 했다. 생활과 자연을 대상으로 지은 그녀의 시들은 정교하면서도 중량감이 있고 재치가 있으면서도 고상한

맛을 풍기는 것으로 잘 알려져 있다.

성종 때 영의정을 지낸 윤필상(1427~1504)의 집안은 아내 성씨가 죽고 나서 가족들이 재산을 모아 거부가 되었으나 연산군에게 재물을 빼앗기고 사약까지 받게 되었다. 이때 사람들은 현명한 부인의 가르침을 저버렸다가 집안이 망했다며 혀를 찼다. 조선 중기 문신 신흠(1566~1628)의 아내 이씨는 남편이 이조판서로 있을 때 청탁을 거절하는 등 검소하고 덕행이 뛰어나 남편을 도울 수 있었고 국가에도 크게 공헌했다.『내훈』(언행장)에는 "가난하면서 마음이 편하지 못한 자는 가난을 부끄럽게 여겨 널리 재물을 구하게 된다. 구하다가 얻지 못하면 원망하는 마음이 생겨나서 부부가 서로 경멸하여 은혜하는 마음이 소홀해지고 엷어질 것이다."라는 내용이 있다. 부유함을 좋아하고 가난함을 싫어할 때 발생할 수 있는 결과를 예측하면서 안분지족하는 정신으로 세속적 욕망을 다스릴 것을 조언하였다.

조선 중기 좌의정 이정구(1564~1635)의 아내 권씨는 조금도 교만하지 않고 절제함이 있어 사람들로부터 칭송이 자자했다. 참의를 지낸 조찬한(1572~1631)은 아내가 죽자 "경박하고 사치스러운 나는 당신의 따끔한 질책으로 작은 잘못까지 고쳐나갈 수 있었소."라며 통곡했다. 꼿꼿하기로 유명한 송시열(1607~1689)은 유배 중이던 시절 지혜로웠던 아내의 죽음에 "당신은 원망 안 하겠지만 나같이 못난 사람과 짝이 되었으니 부끄럽기 그지 없구려."라고 탄식했다. 정일당 강씨(1772~1832)의 남편 성리학자 윤광연은 부인이 죽자 "공부하다가 의심나는 것이 있어도 누구에게 물어볼 것이며, ……나의 허물을 누가 타일러주겠는가?"라고 안타까워했다.

여성만의 독특한 안채 문화도 그녀들 스스로의 지위를 확보해주었다. 즉 양반계층 내에서의 주부가 책임을 다하는 데서 얻는 권위는 상당히 무거운 것이었다. 가령 신라 김유신의 사후에 가장으로서 가사를 주도했던 것은 아들이 아니라 지소부인이었듯이 여성에게도 가계 계승의 권한이 있었으며 그 후 고려시대에도 크게 달라지지 않았다. 이러한 가정에서의 권리와 더불어 여성들은 주체적으로 자기결정적인 생활을 이어나갈 수 있었다. 그리하여 조선 중기 이전까지 여성들은 시집을 간 뒤에도 친정에 살았던 예가 많았거니와 친정의 일을 하는 데도 적극적이고 당당했던 것이다. 17세기에 이르러 가부장제가 강화되면서 딸의 지위가 아들에 비해 약화되고, 열녀 이데올로기가 공고해지면서 여성은 규방 깊숙이 들어가게 되었다.

외손봉사, 윤회봉사 등의 제사 상속은 조선 중기까지도 부계적인 가족 질서가 확고하게 자리 잡지 않았음을 말해준다. 성리학적인 관점에 기초한 가부장제의 제사 습속에 비추어 생각한다면 여성의 독립적인 재산권은 수용되기 어려운 것이라고 할 수 있다. 그럼에도 불구하고 장자 위주의 제사 승계와 재산 상속으로 제도가 바뀌는 17세기 이전까지도 여성의 재산권은 보호될 수 있었다.

이와 같이 많은 사대부 집안의 여성이나 서민층의 여성들에게는 나름대로 행동의 자유와 활동에 따른 사회적 지위가 있었으며, 무엇보다 그녀들은 사회적 자아로서의 공익적 태도를 보임으로써 존경받을 수 있었고 가정에서도 자신들의 할 일을 책임 있게 실천함으로써 정체성을 지켜왔다.

■ 천민층 여성

궁녀

『대전회통』에 따르면 궁녀란 '궁중녀관(宮中女官)'의 별칭으로서 궁중에서 일하는 여성 관리를 뜻한다. 궁녀(궁인)는 남성 중심의 사회에서 국가로부터 정식 월급을 받는 관리로서 맡은 바 소임을 다하는 전문직 여성 즉 여성 공무원이었다고 할 수 있다. 월급은 곡식(쌀, 콩 등)과 반찬거리(북어 등)의 현물로 이루어져 있으며, 조선시대 궁녀들의 월급은 지금과 마찬가지로 기본급과 수당 두 가지로 구성되어 있어, 궁녀들은 기본급

이외에도 옷값과 밥값, 또 특별상여금 명목의 수당을 수시로 받았다.

궁녀는 일반적으로 상궁과 나인(內人)을 의미한다. 보통 10세 미만에 궁에 들어와 생머리를 묶은 어린 견습나인(생각시)들은 약 15년이 지나면 정식 나인이 되었고, 그 후 약 15년이 지나면 궁녀 중 가장 높은 정5품의 상궁 자리에 오를 수 있었다. 상궁 가운데도 대표직은 제조 상궁(큰방상궁)이었다. 조선시대에는 궁녀가 대체로 5~6백 명쯤 있었다고 보는데, 조선 후기에 쓰여진 『성호사설』에는 궁녀가 684명으로 기록되어 있다.

고려시대에는 궁녀가 폭넓게 후궁이란 뜻으로도 사용되었으나 조선시대 궁녀는 양인 이하 신분층이었다. 하지만 궁녀는 특정한 시기와 장소에서 벌어지는 정치 상황에는 주체적 행위자가 될 수 있었다. 예컨대, 처음에는 노비였을 것으로 추정되는 김개시(본명 김개똥, ?~1623)는 궁녀의 신분이지만 뛰어난 판단과 수완으로 직접 정치에 참여한 대표적인 인물로서 선조의 승은을 뒤엎고, 광해의 승은을 입고도 다시 광해를 몰락시킨 상궁이다. 관비로 시작한 궁녀 신빈 김씨(1406~1464)는 세종의 두 번째 후궁이 되었고, 침방나인에 불과했던 숙빈 최씨(1670~1718)는 영조의 생모가 되었다. 칠궁은 조선 왕의 생모인 일곱 후궁들의 신주를 모신 곳인데 순조의 생모 수빈 박씨를 제외한 여섯 명은 궁녀로서 최고의 지위에 오른 사람들이다. 희빈 장씨(?~1701)는 조선의 궁녀 출신으로서 왕비의 자리를 차지하였던 유일한 인물이다. 한편 고려 말 충숙왕 때 비참하게 공녀로 끌려가 궁녀가 되었다가 원나라 마지막 황제인 순제(1320~1370)의 총애를 받아 아들을 낳고 마침내 원제국을 지배한 기황후의 패기와 능력도 잊을 수 없다.

조선의 많은 궁녀들은 우리나라 최상층 문화인 한말 복식과 함께 궁중요리를 전수했고, 역사적인 궁중문학을 남겼으며 또한 자신들을 수련시키는 방편으로 궁체라는 글씨체를 만들어내는 등 소임을 다하고자 했다.

기생

기생들은 공물 혹은 관물이라 하여 관청에 예속되어 있는 노비에 지나지 않았다. 이렇듯 관노비로서 사사로이 행동할 수 없는 천한 신분이지만 그녀들은 궁중이나 관아 행사의 연예, 변방의 군인들의 위로, 사신의 접대 등에 참여하는 국가가 공인하는 전문직 종사자였다.

고려시대에는 신돈(?~1371)의 시비인 반야의 소생이라는 우왕(1365~1389)이 기생 용덕을 숙비(종1품 후궁)로 삼고 기생 칠점선을 영선옹주로 삼는 등 기생에게 벼슬을 준 사례가 많다.

기생 적선래는 노래를 잘 불러 충렬왕의 각별한 사랑을 받았고, 기생 동인홍과 우돌 등의 한시가 고려 사대부들의 문집에 전해 져 오며, 김인경(?~1235)이 사랑했던 인주(의주의 옛 지명) 기 생 백련도 시를 잘 지었다. 정지상이나 이규보의 시를 보면 기 생집도 많았던 듯한데,『고려사』에는 충숙왕이 미행으로 기생 만년환의 집을 찾아갔다고 적고 있다.

『조선해어화사』(제8장)에 의하면 "조선이 고려 제도를 이어 받아 여악을 위해 기생을 두어 내연(內宴)에 썼고 나라에 경사 가 있으면 행하였다."고 언급함으로써 기생의 존재 이유가 여악 에 있음을 분명히 하였다. 이어서 "여러 군에 명하여 기생을 뽑 아 올려 장악원에 예속시켜 노래와 춤을 익히도록 하였다."고 기술함으로써 장악원에서 교육받은 기생들이 국가 행사 시에 가무를 담당했음을 전하고 있다.

젊고 아름다운 기생들은 때로는 양반계층과 어울리면서 수청까지 들어야 했고 먹고살기 위해 몸을 팔기도 했다. 그러 나 원칙적으로 기생들은 '여악'으로서 국가적 봉사를 다해야 했고 자신들의 공적인 역할을 수행하기 위해서 철저한 교육을 통해 각종 악기와 가무를 비롯하여 시문, 서예 등을 배우고 익 혔다. 그리하여 근대에 이르기까지 많은 기생들은 전통 문화예 술을 계승하고 발전시키는 데 혁혁한 공을 세웠다. 임진왜란 때의 논개나 계월향 등과 같이 기생들이 국난을 당해서는 기꺼이 자신의 희생으로 우리 역사를 지켜온 주역이 되기도 했다.

근대화의 척도 중 하나로 대중문화의 보급을 들 수 있는데 근대 이후 기생들은 대중문화를 이끄는 선구자가 되었다. 이 시기에 평양 기생 왕수복(1917~2003)의 등장은 조선의 기생이 대중가요의 인기가수로 변신하는 시발점이 되었다. 기생들은 영화, 패션, 광고 등 다양한 분야에서 활약하며 대중문화 발전에 크게 기여했다. 그녀들 상당수는 단순히 매춘하는 창녀나 남성의 노리개가 아니요, 자기 삶의 주인공이었다.

의녀

태종 6년(1406) 제생원에 처음 두게 된 의녀는 체계적이고 전문적인 교육을 받은 지식인 여성들이다. 의녀는 천인 출신인 탓에 의료봉사의 본업 외에 기생이나 수사관 등의 역할을 감내해야 했지만 직업인으로서 생명을 살리는 일에 앞장섰던 당대 최고의 전문직 여성이었다.

의녀는 소속 기관에 따라 크게 혜민서 의녀와 내의원 의녀로 구분되는데, 혜민서 의녀는 정원이 70명이고 내의원 의녀는 12명이었다. 한양 한복판에 있는 혜민서는 가난한 백성들을 치료하는 의료기관으로서 지금의 국립의료원이나 보건소와 같은 것이고,

내의원은 왕을 비롯한 왕실 가족을 위한 최고 의료기관이었다.

의녀는 기본적으로 3단계로 구분되어 초학의, 간병의, 내의(내의녀)로 올라가고 내의녀 가운데 다시 승급되어 차비대령 의녀, 어의녀가 되었다. 말하자면 의녀에도 나름의 지위나 직급이 있어, 왕의 병을 진찰하고 간호하는 어의녀는 의녀 중에서 가장 선망의 대상이었고 어의녀 가운데서도 제일 지위가 높은 수의녀가 있었다. 의녀들을 따라다니며 보조나 심부름을 하면서 의술을 배우는 사환의녀도 있었다.

자기 위치에서 최선을 다한 대표적인 의녀로는 세종대의 소비, 성종대의 장덕과 귀금, 중종대의 대장금, 선조대의 애종과 선복 등을 들 수 있다. 그중에서도 가장 유명한 의녀로서 어의녀 장금을 들 수 있는데. 중종실록에서 언급되고 있는 장금은 의녀로서는 유일하게 임금의 주치의 역할을 한 최초의 여성 어의녀라 하겠다. 제주 기생 김만덕(1739~1812)은 내의원의 수석인 '의녀반수'의 자리에까지 올랐다. '의녀의 수반'이라는 명예직이었으나 정조가 여성으로서는 최고의 벼슬에 해당하는 직함을 하사한 것이다.

무녀

우리의 토착 사상으로서 삼국 이전부터 내려온 무속은 고려에 들어와서도 불교와 함께 사회에 깊이 침투되었다. 무당의 시조로서 바리공주, 당금애기 등 대부분 여성들로 언급되듯이, 사제로서의 무녀는 국가적으로 행하는 기우제, 기은제 등을 주관하였다. 인종 11년에 국가에서 무녀 3백여 명을 모아 기우제를 지냈다고 할 만큼 당시 무녀의 수가 많았다. 무녀는 치병자로서의 기능도 발휘했는데 민간뿐만 아니라 왕실에서도 그 영험함을 믿어 대접을 받았다. 그러나 궁중 출입으로 일어나는 폐단이 컸던 까닭에 무녀들이 수난을 당하는 경우도 많았다.

무녀들은 통상 신분이 낮았으나 여성으로서 공적인 행사에 참여하며 사제, 의료인, 예언자로서의 능력을 드러냄으로써 실질적 지위가 높았다고 할 수 있다. 조선에 들어와서도 마찬가지로 국가에서 무당을 보호하면서 위난을 극복하고자 했던 데서 그녀들의 역할과 위상은 만만치 않았다. 무녀들은 조정 안에 있는 성수청이나 활인서 등에 기거하면서 기우제를 지내고 병 치료를 하는 등 국사의 일부를 수행했다. 조선시대에 국무를 두고 국가와 왕실의 안녕과 복을 빌던 곳이 성수청이었고, 서민들이 병들고 아플 때 찾는 곳은 도성의 동쪽(동소문 밖)과 서쪽(서소문 밖)에 하나씩 설치된 활인서였다. 실록에 의하면 태종 11년에는 가뭄이 심해져 70여 명의 무녀를 모아 기우제를 지냈으며 태종 18년 태종의 넷째 아들인 성녕대군(1405~1418)이 병이

들었을 때 가이라는 국무가 그 병을 쫓기 위해 궁중에서 굿을
했다.

무당을 도성 밖으로 내쫓는 법령까지 제정, 시행하는 정
황에서도 궁궐 안에서는 왕비를 중심으로 무속 행위가 이
루어졌다. 숙종 때 희빈 장씨(1659~1701)가 인현왕후 민씨
(1667~1701)를 죽이기 위해 무당 설향을 불러 민씨의 초상화
에다가 화살을 쏘던 경우가 그러하다. 19세기 말에도 명성황후
(1642~1683)가 진령군이라는 무녀를 시켜 시아버지 홍선대원
군(1820~1898)을 저주하는 굿을 벌여 정치 문제가 된 바 있다.
조선을 지배하는 성리학이 인간의 최대 관심사인 화복이나 사
후의 문제를 해결해주지 못하는 한계 때문이었다.

조선 초기부터 무속을 단속하는 정책을 추진하였으나 오
히려 조선 후기 『속대전』에 무녀의 세금을 명확히 하고 무녀들
을 활인서에 소속시킨다는 조항을 남길 수밖에 없을 정도로 무
녀들은 조선 사회에 큰 영향을 미쳤다. 정약용(1762~1836)의
『목민심서』에는 "세 집 이상 있는 마을이면 모두 무녀가 있다."
고 할 만큼 무당이 너무 많아 그 수요의 억제와 규제를 위해 무
녀포를 징수했다는 기록이 나온다.

9
정신적인 창조활동

여성주의 비평의 입장에서 볼 때 어떠한 이론이든 인간의 문화와 관련된 생산적 · 경제적 현실을 중시하지 않으면 해당 문화를 제대로 이해하지 못한다. 우리 여성들의 생산적 · 경제적 활동이 있었는가. 그 활동은 활발했는가, 어떤 활동을 했는가 등은 여성의 지위와 가치를 헤아려볼 수 있는 중요한 척도가 된다.

여성의 활동 범위를 다양하게 설정할 수 있을 것이나 이 책에서는 크게 정신적인 면과 육체적(경제적)인 면으로 나누고, 다시 그 안에서 주요 영역으로 구분하여 살피고자 한다. 정신적 활동을 통해 그녀들의 잠재되어 있는 능력과 지위를 확인해볼 수 있고, 경제활동을 통해 얼마나 삶의 현장에서 역할을 다하며 그에 따른 위상이 확보되었는가를 가늠할 수 있을 것이다. 가정과 사회가 분화되지 않은 전근대 사회에서 자아의 발견, 가족에 대한 배려, 집안 살림의 책무 등의 역할과 자격을 지닌 주체적 여성으로서의 가정적·사회적 지위는 결코 만만할 수 없다.

비평이론에 따르면 경제 권력을 획득하고 유지하는 것은 철학, 교육, 종교, 정치, 학문, 예술, 과학 등을 막론하고 모든 유무형의 사회적·정치적 활동 이면에 작용하는 동기가 될 수 있다. 무엇보다 여성주의자들 가운데는 모든 사회적 현상들을 문화적 생산물이라고 보는 경향이 있는데, 구체적으로 좁은 의미에서의 문화적 생산물, 예컨대 문학, 음악, 미술 등에 주로 관심을 갖는다.

조선시대 여성들의 정신적 활동 능력과 그 토대가 되는 자아성취의 신념을 여성들의 발언 속에서 발견하게 되는데,『임윤지당유고』언행록에는 "내가 비록 여자의 몸이나 하늘로부터 받은 성품이야 남녀의 차별이 있지 않다."고 적혀 있다. 윤지당 임 씨가 정신적·지적 능력에 있어 남녀가 평등함을 언급한 것이다. 여성들의 정신적 활동은 다양한 분야에서 이루어졌다. 그 가운데 철학, 문학 등에서 그녀들의 업적을 살펴보도록 한다. 그녀들의 철학적 관심을 통해 사유 방식과 사상적 깊이를 이해하고, 그녀들의 문학적 성과를 통해서 현실 인식과 미적 가치관을 이해할 수 있다.

■ 철학

유교

일찍 남편을 여의고 혼자 산 윤지당 임씨(1721~1793)는 조선의 독보적인 여성 성리학자(유학자)로 불리는데, '윤지당'이라는 호에는 중국의 성군인 문왕의 어머니 태임과 부인 태사를 본받으라는 뜻이 담겨 있다. 윤지당 임씨는 『중용경의』라는 책을 지었고, 현재 전하는 『윤지당유고』에는 「이기심성설」 등 40여 편의 수준 높은 글이 실려 있다. 정일당 강씨(1772~1832)는 조선시대 선비 같은 삶을 살다간 여류성리학자이다. 그녀는 집안이 가난해 길쌈과 바느질로 생계를 이어가면서도 10여 권에 이르는 책을 저술했고, 경서와 시문에 뛰어나 문집 『정일당유고』를 집필하였다. 정일당 강씨는 윤지당 임씨를 사숙한 만큼 두 사람은 조선의 대표적인 성리학자들이었다. 이 밖에도 인수대비 한씨, 사임당 신씨, 안동 장씨(장계향), 호연재 김씨, 사주당 이씨, 빙허각 이씨 등 조선의 여성 유학자가 적지 않다.

불교

고구려의 불교가 신라에 전해질 때 큰 역할을 했던 이른바 신라 최초의 불교 신자라는 모례의 여동생 사씨는 기록에 나타난 최초의 여승이다. 통일신라 시대 욱면이라는 여종은 염불로 정토왕생을 성취하는 신앙의 주체로 나타났다. 진혜대사(1255~1324)는 남편 사후 출가해 구도의 길을 걸은 여성으로 절을 세우고 불경을 간행하며 많은 불사를 일으켜 여성으로서는 고려 최초로 대사 칭호를 받았다. 고려조 남원군부인 양씨는 남편 김공칭과 함께 천신사에 별전을 창건하고 대장경 5천여 권을 만들어 봉안했으며, 상호군 허옹의 아내 이씨는 부처님께 향을 사르고 승려들에게 공양하는 것을 일삼으며 무려 세 곳의 사찰을 창건하였다. 고려의 여성들은 대부분 생활 속에서 불교 신자로 활동했다. 고려 때부터 있었던 조선의 정업원은 왕실에 속했던 비구니들의 사원이다. 정희왕후, 소혜왕후, 문정왕후 등을 들어 억불숭유의 조선시대를 이겨낸 불교 계승자로 추앙할 수 있을 것이다. 특히 보우(1509~1565)를 봉은사 주지로 삼아 불교 중흥을 도모했던 문정왕후(1501~1565)는 조선의 국시를 불교로 바꾸려고 했다. 개인과 가족을 위한 수행으로서의 불교는 조선 후기 많은 여성들에게 감동을 주었다.

천주교

덕산에 사는 홍지영의 후처로 들어갔던 강완숙(1761~1801)은 천주교 신자라는 이유로 시집서 쫓겨나 서울로 올라와 한국 최초의 외국인 신부인 주문모 신부를 도우며 자기 집에 숨겨주기까지 했다. 조선 천주교 최초의 여회장이던 강완숙의 활약으로 왕족에게도 신앙이 전파되었다. 여섯 차례나 주리를 트는 고문에도 굴하지 않아 '이는 사람이 아니라 신이다'라는 형리의 탄복을 낳게 했다. 윤점혜(?~1801)는 양반집에서 태어났으나 천주교를 믿으면서 동정을 지키기로 결심하고 처녀들을 헌신적으로 교육시켰다. 옷을 모두 벗긴 채 남자 죄수들이 있는 감방으로 들여보내는 능욕을 당했던 김효임(1814~1839) · 김효주(1815~1839) 자매의 순교도 간과할 수 없다. 천주교 박해 당시 배교한 남성들이 훨씬 많았다는 점에서도 여성들의 강인한 신앙심을 엿볼 수 있다.

무속신앙

우리 신화의 근본을 무속에서 찾으며 대표적인 무속신화로는 죽은 사람의 영혼을 위로하는 〈바리공주〉를 비롯하여 생산을 관장하는 제석신의 유래인 〈당금애기〉를 든다. 무속신앙은 특히 부계 위주의 유학적 질서에서 배제된, 토착적 한민족의 정신 속에 뿌리 깊게 자리잡고 발달해왔다. 여성들은 무속신앙을 통해 가족의 건강과 행복을 빌며 자신의 억눌린 감정을 해소할 수 있었다. 다시 말해 유교적 마을 제의와 조상 제의를 주도

하는 남성에 비해, 여성은 상대적으로 무속신앙에서 우위를 점했다. 〈봉산탈춤〉에서 여성 억압의 상징인 미얄할미가 무당으로 등장하는 것은 여성의 존재가 무속사회를 지배하는 신의 사제임을 나타내는 것이다.

■ 문학

여성주의의 관점에서 볼 때 다른 문화적 표현과 마찬가지로 문학 역시 그것이 생산된 시공간의 사회경제적 이데올로기적 조건이 낳은 하나의 창조물이다. 더구나 여성적 언어는 여성을 억압하고 침묵에 빠뜨리는 가부장제적 사고의 기반을 약화시키거나 붕괴시키는 언어인데, 프랑스의 페미니스트 엘렌 식수(1937~)는 이런 종류의 언어가 이른바 여성적 글쓰기를 통해 가장 잘 드러날 수 있다고 믿었다.

역사적으로 여성의 문학적 업적이 다른 정신적 활동에 비해서는 많은 편이다. 남편의 강권에 의해 시를 썼던 조선의 여류시인 영수합 서씨(1753~1823)의 시문을 비롯하여 가족이 모두 시를 지었던 집안의 호연재 김씨(1681~1722)의 작품들은 주목할 만하다. 작가 혜경궁 홍씨(1735~1815)의 대하역사소설『한중록』은 여성의 문학적 감수성과 역량을 유감없이 드러냈다. 여류문

인 가운데서도 **빼놓을** 수 없는 난설헌 허씨(1563~1589)는 천재
시인으로서 남편의 경박성과 남성들의 무능함을 지적할 만큼 여
성의 주체적인 의식을 강하게 보였다. 문인 정일당 강씨의 시적
주제는 여성적 정감과 달리 유학적 이념의 기치 아래 대부분 학
문의 정진이나 인성의 함양을 권고하는 것으로서 곤궁한 형편 속
에 학문에 뜻을 두고 살았던 강인한 여성의 모습을 잘 드러내고
있다. 조선 후기 시인 권섭(1671~1759)의 어머니인 용인 이씨는
소설을 필사하여 집안의 여자들에게 대대로 전하기도 했다.

첩이라는 신분적 콤플렉스를 벗어던지는 이옥봉의 시들은
중국에까지 널리 알려졌으며 시대를 넘어 절창으로 불린다. 궁
녀들이 지은「계축일기」,「인현왕후전」등의 서사는 궁중의 역사
적 진실과 언어문화를 전하는 보고다. 황진이, 이매창, 김부용,
군산월 등으로 대표되는 기생들의 문학적 성과도 간과할 수 없
는데, 기생들의 시조는 한국 문화사의 폭을 넓히고 수준을 높이
는 데 결정적인 역할을 했다. 남편과 생년월일까지 같아서 천
생연분을 과시했고 사랑의 시로 유명한 삼의당 김씨(1769~?)
의 시문집인『삼의당고』도 소중한 자산이다. 서녀이자 소실이었
던 김금원(1817~1850)을 포함하는 신분이 낮은 여성 다섯 명으
로 구성된 최초의 여류시단이라는 '삼호정시사'의 존재도 중요
하다. 시 짓는 계집종들을 집 안에서 육성하였다는 기록과 함께

계집종의 한시가 남아 있기도 하다. 해녀들의 민요라든가 우리의 속담에 나타나는 여성들의 삶에 주목할 만하다. 제문을 통해 존경을 표하는 남편들의 진정성에 여성의 가치와 지위를 새삼 느끼게 된다.

■ 복합

조선의 장계향(1598~1680)은 퇴계 학통을 전수받은 당대 영남의 거유 장흥효(1564~1633)의 외동딸이다. 어려서부터 부친에게 학문적 자질을 인정받고 적극적으로 교육을 받았던 그녀는 땅을 사서 남편 이시명(1590~1674)으로 하여금 후학을 가르칠 수 있도록 했고, 부친이 죽자 친정의 동생들이 성장할 때까지 돌보기도 했다. 정부인 장씨의 유적비가 세워지고 그녀를 불천위로 모시는 것은 여성의 존재적 가치를 뚜렷이 일깨워준 좋은 사례이다. 여성으로서 퇴계학파의 계보를 형성했다는 장씨가 쓴『음식디미방』은 동아시아에서 여성이 지은 최초의 요리서로서 창의적이고 과학적이라고 한다. 이 책은 그 이전의 김수(1547~1615)가 쓴『수운집방』이나 허균(1569~1618)이 지은『도문대작』등과 달리 146가지의 음식의 조리법을 아주 상세하게 적고 있는 본격적인 요리서이다.

조선의 여성 실학자로 불리는 빙허각 이씨(1759~1824)가 쓴 한글로 된 『규합총서』(5권)에서는 학문과 재능에 뛰어난 여성들을 비중 있게 소개했다. 이 저술은 생활백과사전으로서 음식, 길쌈, 밭일, 가축 기르기, 태교 및 육아 등 부녀자가 해야 할 일을 소상하게 다루고 있다. 아내를 도와 차밭도 경영했다는 남편 서유본(1762~1822, 서유구의 형)은 빙허각 이씨의 저술 활동을 도왔다.

사임당 신씨(1504~1551)는 16세기 조선의 독보적인 화가였다. 우리나라 회화사상 영향력이 가장 컸다는 조선 초기의 화원인 안견의 그림으로 배운 산수화는 안견을 넘어섰다고 한다. 그녀의 포도 그림, 즉 묵포도도는 세상 누구도 흉내를 낼 수 없으며 초충도는 사람의 힘으로 될 수 없다는 평가를 받았다. 그녀는 오늘날 한국 여성 최초의 화폐 주인공으로 등장할 만큼 매력 있는 인물로서 남편의 부족한 점을 타이르고 바로잡아줄 정도로 자아의식이 확고했다.

이 밖에도 유랑예인 안성 남사당패의 꼭두쇠였던 바우덕이(1848~1870)를 비롯하여, 민간신앙, 의식주, 의례, 명절 등 거의 모든 영역에서 여성의 활동과 역할을 살펴볼 수 있다. 무엇보다 민속악, 무속화, 탈춤 등 우리 한국 문화예술의 원천이 모두 여성 관련 무속에서 유래하고 있다.

10
경제적 생산활동

우리 속담에 "과부는 은이 서 말이고 홀아비는 이가 서 말"
이라는 말이 있다. 물론 과부를 대상으로 한 것이지만 여성의
알뜰하고 규모 있는 경제활동을 부각시킨다는 점에서 여성 일
반으로 확장될 수 있다. 농경사회의 여성은 의(衣)와 식(食)을
전담하는 생산자라는 점과 자녀를 출산하고 교육시키는 어머니
라는 점에서 상당한 지위에 있었다. 말하자면 전통사회에서 여
성들은 인격 함양과 함께 일부 정신적 활동에도 참여했을 뿐만
아니라 집안일을 비롯한 생산활동에 적극 참여해왔으므로 그만
큼 여성들에게는 가정은 물론 사회적으로 일정한 지위가 확보
되었다.

가부장제 아래 어느 영역에서나 여성은 타자였다고 하지

만, 왕족 여성은 물론 사대부 계층의 여성들이나 천한 신분의 여성들 가운데는 주체적 의식을 드러낸 여성도 많다. 특히 주체적 사고는 경제적 활동으로 적절히 나타났다. 가부장제를 비판하는 프랑스의 페미니스트 크리스틴 델피(1941~)는 가족 안에서 여성은 하위에 속하는 존재이며 결혼은 여성을 무보수의 가사노동에 옭아매는 노동 계약이라고 했으나 우리 여성들에게는 나름의 지위가 있었고 그녀들은 집안일에만 구속되지 않고 활발하게 경제활동을 펼쳐나갔다.

전통여성들의 가정 경영을 위한 가사노동을 비롯하여 집 밖에서의 경제활동에 대한 관심은 그녀들의 책임과 더불어 권리로 이어질 수 있다는 점에서 시사하는 바가 크다. 구체적으로 여성들의 가사와 농업, 직조 분야의 수공업, 시장에서의 상업활동 등은 여성의 지위와 권리의 확보 차원에서도 의미가 있을 것이다. 실학자 이덕무(1741~1793)는 『사소절』(부의)에서 여성들이 재주와 지혜가 뛰어나 이익을 내는 일을 잘 경영하여 이에 의지해 생활하는 남편들이 꼼짝 못 한다고 지적하였다.

여성들은 가정의 안정과 복리를 위해 체면을 가리지 않고 생업에 투신하였다. 남편이 없을 때는 가정의 경제적 책임이 더욱 무거워졌다. 조선 후기 성품이 굳세고 순수했던 신경(1613~1653)은 아내 윤씨가 죽자 제문을 통해 "나는 우리 집안의 모든 일을 당신이 주관하고 변통하도록 맡겨두고 따로 마음을 쓰지 않았는데, 하루아침에 이렇게 되고 보니 두 팔을 잃은 것보다 더 불행하구려."라고 통곡하였다. 노동과 이윤이 경시되는 명분 사회에서는 오히려 그것을 책임졌던 여성들이 실질적인 권리를 행사할 수 있었다. 역사학자 이능화(1869~1943)도 농업, 상업, 수공업 등 봉건 경제의 전 분야를 담당했던 여성들이야말로 조선 역사상 실로 주요한 지위에 있었다고 말한 바 있다.

■ 가사

근대 이전의 여성들의 활동은 남녀유별의 내외법에 따라서 대체로 가정에서 이루어졌다. 여성들은 교육을 통해 배운 대로 밥 짓는 부엌일에서부터 누에치고 옷 만드는 일, 제사 받들고 손님 접대하는 일 등 집안 살림 모든 일을 소홀함이 없이 실천했다. 더욱이 여성들은 결혼하여 시댁 식구들과 새로운 관계를 유지하면서 가정을 꾸리고 시부모를 모시는 일에서부터 출산과 육아를 책임지면서도 온갖 가사노동을 수행하였다. 많은 일들을 감당해야 하는 여성들에게 수반되는 고통을 그녀들은 당연한 것으로 받아들였다. 조선조 여성들이 가부장제에 충실했던 현상을 이념이 아닌, 여성들의 자발적인 행위로서의 '모권'이나 '안채 문화'의 형성에 의한 것으로 설명하는 것도 이에 기인한다.

일반 여성들이 직업을 갖고 대외활동을 하기란 거의 불가능했으며, 그녀들은 집안에서 생활의 작은 보람과 함께 가정 경영에 책무를 다했다. 17세기 양반가인 남이웅(1575~1648) 집안의 조씨 부인은 그러한 전형을 보여준다. 관직에 있는 남편이 늘 바쁘기 때문에 집안일을 부인이 전적으로 맡아 하지 않을 수 없었고 그러기에 가정경제권도 쥘 수 있었다. 조선 중기 이후 가부장적 체계가 공고해지면서 사대부 집안 여성들의 구속은 강화되고 노동도 가중되었다. 남편을 도와 바깥일까지 하지 않고서는 살 수 없었던 평민층의 여성들은 더욱 집안일에 충실해야 했다. 다만 대부분의 여성들은 가정살림을 도맡아 하면서 가정경제의 실권을 쥘 수 있었다. 조선시대 여성의 가정 경영권이 인근의 중국 여성의 그것과는 달리 매우 주체적이었음을 보여준다.

■ 농업

농업을 근본으로 하는 고대사회부터 여성들은 남성들과 함께 주체적으로 농사일에 참여하였다. 아버지가 죽자 남편과 더불어 남의 집에 품을 팔아 얻은 곡식으로 늙은 시어머니를 봉양하였다는 신라 흥덕왕대의 손순의 아내에서 보듯 평민층이나 천민층의 여성들은 농업노동의 상당 부분을 담당해야 했다. 물론 여성들은 다리를 걷어 올리는 모내기 등의 거친 논농사는 힘들었던 대신 덜 힘드는 논의 김매기를 포함하여 주로 밭농사에 참여했다고 할 수 있다. 여성들은 평소에도 채소를 기르고 김을 매고 작물을 수확하는 등 밭일을 많이 하였다. 그 밖에도 시간만 나면 나물 캐고 콩 까는 등의 농사일을 하였지만 특별히 모내기와 벼베기 등의 농번기가 되면 온 가족이 농사일에 매달려야 했으므로 여성들도 예외는 아니었다.

박지원(1737~1805)이 지은 「양반전」에 나오는 바와 같이 양반은 손에 돈을 쥐어서도 안 되고 쌀값이 얼마인가 물어서도 안 되는 사회에서는 더욱 일찍부터 여성들이 논밭에 나가 품삯을 받는 임금노동도 해야 했다. 특히 소작농이나 임금노동으로 생활하였을 대부분의 빈농층 여성들은 더 부지런히 일하지 않으면 안 되었다. 돈을 벌기 위하여 가난한 아낙네들이 점심까지 굶어가며 노동에 종사했던 모습을 생생하게 증언하는 경우도 있다. 예컨대, "모내기철 모 품팔이 아낙네들 일손 바빠/보리 베는 남편일도 도울 생각 전혀 않네/이 서방녠 뒤에 가고 장 서방네 먼저 가네/예로부터 돈모심기 밥모보다 낫다 하네"가 그것이다.

18세기 이후 야담집 등의 여러 문헌을 보면 여성들이 재산 증식의 수완이 뛰어나 거부가 된 사례가 많이 등장한다. 전근대 사회에서는 여성들에게 가정경제를 잘 꾸려나갈 수 있도록 근면 검약할 것을 강하게 요구했고, 여성들 스스로도 경제적 생산 활동에 헌신적으로 참여할 수 있었다.

■ 수공업

전근대 사회 여성들은 현숙한 여성으로서 갖추어야 할 덕성과 자질을 어려서부터 몸에 배도록 훈련받아왔을 뿐만 아니라 가정 내의 살림살이에 필요한 다양한 솜씨와 실용적 기술을 익혀왔다. 고대사회부터 이루어진 여성의 생산활동 가운데 농업 이외의 대표적인 것으로 누에치기, 옷감짜기, 염색, 바느질 등의 수공업을 들 수 있다.

사실 안빈낙도를 내세우던 고려 및 조선의 사대부들은 살림살이에 관심을 두는 것 자체를 부끄럽게 여기는 경향이 있었다. 따라서 가난하기 십상이었고 가난하더라도 아무런 대책이 없었다. 그리고 속성상 한번 빈곤의 늪에 빠지면 헤어나기 쉽지 않다. 그러므로 여성들의 경제활동의 일환으로서 수공업에 종사하는 것은 자연스러운 현상이었다.

실학자 홍만선(1643~1715)이 엮은『산림경제』에 의하면 누에치기와 옷감짜기 등의 직조업에는 왕비로부터 서민에 이르기까지 모두가 관심을 갖고 참여했고, 평민 여성들은 숙련공의 수준에 이르도록 가정에서 기술을 습득하였다. 정약용 등의 말에 따르면 "베 짜는 여인 한 사람의 수입이 농부 세 사람의 수입보다 낫다."고 할 정도로 여성의 노동가치가 높았다. 한편『청구야담』(권1)에 의하면 상주에 사는 김씨의 처가 경상도 일대에서 손꼽히는 부자가 된 것도 그녀의 10년에 걸친 직포 생산에 따른 노력의 결과였다. 사실 포(布)가 의생활을 유지하거나 물류를 유통시키는 화폐의 기능을 담당할 뿐만 아니라 납세의 수단이 되는 복합적 구실까지 했던 전근대 사회의 특수 상황을 고려할 때 길쌈의 가치는 짐작하고도 남음이 있다.

봉건사회 해체기로 불리는 18세기 이후는 가부장권이 보다 강화되고 부계 집단의 결합이 공고해지는 시기로서 혼인제도상 시집살이가 정착되면서 여성은 남성의 생활을 돕는 내조자로 굳어져가게 되었다. 여성은 가족을 위한 노동만이 아니라 사회 기여도가 높은 노동까지도 담당했다. 노동력의 요구 속에 여성의 책임과 역할은 늘어났고 부의 창출로 여성의 경제력이나 지위는 향상되었다. 결과적으로 여성의 활동과 능력은 여성

의 의식 변화와 함께 생활환경을 변모시키는 중요한 원동력이
되었다.

■ 상업

전통여성들은 집안에서의 노동에 그치지 않고 집 밖의 시
장으로까지 진출했다. 더욱이 여성들에 의해 생산된 직물류의
높은 상품가치는 여성들을 시장으로 적극 유도하였다. "신라의
저자에서는 여자가 다 팔고 산다."(『신당서』)든가, "고려에는 아
침 일찍부터 저녁 늦게까지 장이 서는데, 부녀들이 모두 버드나
무 광주리를 들고 다닌다."(『선화봉사고려도경』)고 했듯이, 삼국
시대와 고려시대에는 여성들이 상업에도 활발하게 종사했음을
알 수 있다. 고려 말 충렬왕비 제국대장공주(1259~1297)는 잣
이나 인삼을 중국에 수출하는 등 무역을 통해 이익을 취하기도
했다.

꼿꼿한 선비의 상징이자 조선 후기 실학의 대가였던 이익
(1681~1763)은 평생 벼슬길에 나아가지 못했지만 그는 죽을 때
까지 백성의 생계를 걱정했다. 또한 이익은 한 가정의 아버지로
서 누구보다 알뜰하며 부지런한 살림꾼이었다. 젊은 시절부터
유달리 살림살이에 관심을 가졌기에 만년에 이르러서 집안의

살림살이는 대단히 넉넉해졌다. 하지만 이익은 먹을거리를 생산하는 농사 외에 뽕나무를 심어 기르고 목화도 재배하여 옷감을 자급하면서도 시장에 나가 물건을 판매 구입하는 경우는 거의 없었다.

그러나 조선시대 여성들은 시장에 나가 장사를 많이 하여 가난을 극복하고 생계의 안정을 도모했다. 평민 여성들은 중앙 시전에서 직접 점포를 운영하기도 했다. 사족 여성들조차 가정 경제가 여의치 못할 때는 행상에 나서야 했다. 조선 중기 학자 오희문(1539~1613)이 쓴 일기 『쇄미록』에 보면 양반인 오희문의 아내가 음식을 만들어 시장에 내다 팔았음을 알 수 있다. 형편이 어려운 사대부 집안의 여성들은 주로 삯바느질을 하여 생계를 꾸려갔다. 「허생전」에 나오는 경제력 없는 남편 대신 삯바느질하는 허생의 아내, 공부하는 남편에게 입고 먹는 일을 책임지겠다며 삯바느질하는 정일당 강씨(1772~1832) 등의 경제활동이 그러하다. 실학을 집대성한 정약용(1762~1836)이 유배지에서 가족들의 곤궁한 생활을 전해 듣고 뽕나무를 많이 심으라고 당부했던 데서 양잠이 시장경제를 향한 중요한 생계수단이었음을 알 수 있다. 여성 실학자 빙허각 이씨(1759~1824)도 차밭을 경영하여 가계를 꾸려나갔듯이 18세기 이후에는 담배, 차, 약재 등 특용작물을 재배하여 큰 돈을 벌기도 했다.

한문 단편집인 『차산필담』에서 어느 평민 여성은 송파 근처에서 담배와 과일 등의 잡화를 팔아서 많은 재산을 모았다고 하듯이 18세기 이후 여성들의 상업활동은 눈에 띄었다. 17, 18세기 이후 상공업의 발달에 따라 가족의 생활을 책임져야 하는 과부들 중에는 사채 행위로 상업자본을 축적하기도 하고 재산을 증식하기도 했다. 선양(沈陽)에 인질로 잡혀가 있으면서 국제무역을 개척한 소현세자빈 강씨(1611~1646)의 활동이나 장사를 하여 모은 재산을 다 바쳐 자선사업을 전개한 제주 기생 김만덕(1739~1812)의 업적도 간과할 수 없다.

에필로그

나는 학생들의 행동이 마음에 안 들거나 꾸짖고 싶을 때마다 "학교에서 혼나고 밖에 나가서는 존중받는 사람이 되라"고 말한다. 아무래도 옥과 돌, 난초와 쑥을 가리는 것이 교육의 본질이라고 생각하며 엄격함을 강조해온 나의 뚝심의 발로일 것이다. 사실 교육보다 더 중요한 것이 또 있을까? 교육은 사람을 변화시켜 인간답게 만들어준다. 어린 사람들의 몽매함과 미숙함을 깨우쳐주고 나이 든 사람들을 너그러움과 지혜로움으로 변모시켜주는 게 바로 교육의 힘이다.

제자들이 결혼을 하겠다고 주례를 부탁하러 오는 경우 피하기도 어렵다. 혼례식장에 서면 나도 늘 사랑을 역설하는 편이다. 물론 진정한 사랑은 자기를 위한 것이기보다 상대를 위한 것이기 때문에 누구나 할 수 없는 만큼 사랑은 고귀하다고 한다. 어쨌든 성과 관련된 사랑만큼 소중한 것도 흔치 않을 것이다. 어쩌면 우리는 늘 성과 사랑 속에 살고 있는지도 모른다. 감성에 따른 자유로운 성과 사랑 속에서 즐거이 살아갈 수 있는 것도 인간의 권리다.

　우리는 일을 하며 살아가게 된다. 일이 없다면 개인은 물론 사회도 불행해질 것이다. 특히 이성적 판단을 통해 사회적 자아로서의 책무를 다해야 한다. 일과 능력이 뒷받침되지 않으면 젊은이들의 사랑마저도 오래가기 힘들고, 정년 이후 길게 살아야 하는 노인들도 견디기 어렵다. 자발적으로 길을 찾아야 하고 자신의 일터에서 능력을 발휘하는 가운데 스스로 존재감을 느끼고, 가정을 활기차게 만들며 사회 발전의 밑거름이 될 수 있어야 한다.

　교육, 성과 사랑, 일, 이 세 가지가 지금의 책을 쓰게 했는지도 모르겠다. 시기와 공간에 관계없이 우리는 진리를 탐구하는 교육을 통해 각성하고, 개인적으로 자유롭게 사랑을 구가하며, 사회적 책임을 다하기 위해 성실히 일하며 살아가야 하는 인생이 아닐까.

　전통여성들 상당수는 자기 주도적인 삶을 살고자 노력한

주체였다. 전통여성의 경우, 사회를 가정의 인식 테두리 안에 두었던 전근대 사회에서 가족과 살림을 책임지는 내적 주체로서의 모습을 보였다. 먼저 '교육'(1~2)의 자료와 내용에서 여성들은 많은 교육 관련 저술이나 어른들의 가르침을 통해 인격을 함양하고 실생활에 유용한 내용들을 배울 수 있었음을 살피게 되었다. 다음으로 '섹슈얼리티'(3~6)에서 여성들은 제도 내에서도 성적 주체성을 찾으려 애썼고, 제도 밖으로 벗어나 자유로이 성적 상대를 선택하고 나름의 성적 쾌락을 경험하는 경우도 많았음을 알게 되었다. '젠더'(7~10)의 경우, 신분적 측면에서 천민 여성에게서조차 주체적 의식이 엿보이며 경제적 측면에서 여성들은 가사를 넘어 다양하게 생산활동을 펼쳐나갔고 그만큼 권리도 획득했음을 확인하게 되었다.

구체적으로 전통여성이 체험한 교육적 자료와 내용을 살핀 결과, 자아성취를 위한 지적 교육을 소홀히 한 정황은 아쉬움을 남기나 그러한 한계 속에서도 실생활을 중시하는 교육적 경향과 더불어 인간의 보편적 도덕성이 부각되었던 점은 소중하게 인식된다.

여성교육에서 정절은 가장 중요한 내용이었다. 물론 정절이 목숨보다 중시되거나 여성에게 치중되었던 점은 불합리하다. 그러나 조선 후기 강화된 정절 교육은 육체적 욕망을 극복하는 종교적 의미로 해석될 수 있고 국가위기를 맞아 항일투쟁 의지로 승화될 수 있었다. 그리고 스스로 정절관에 회의를 품을 만큼 정절 교육이 여성들의 행동을 적극 통제하지는 못했다. 한편 여성들은 가정에서의 화목뿐만 아니라 사회적 배려에 해당하는 손님 접대에 충실할 것을 교육받았다. 특히 자녀 교육의 핵심은, 태교의 중요성과 관련 어머니의 입장이 태아에게 절대적이며, 예뻐하기만 하고 가르치지 않는다면 어진 사람이 되지 못함을 경계하는 내용으로써 자녀 교육의 원칙이 엄격한 가르침을 통한 참된 사랑이었음을 알 수 있다. 또한 자녀의 개성과 자질을 중시했던 아동교육관도 시사하는 바가 크다. 한편 집안일, 바깥일 등 노동에 관한 교육도 간과하지 않았던 전통사회에서는 여성들로 하여금 근면하여 가정경제를 잘 꾸려나갈 수 있도록 가르쳤다.

현대여성들의 체질 속에도 전통여성들이 받았던 지혜롭고 강인한 교육적 DNA가 잠재되어 있을 것이라 보며 앞으로 근대화 이후 오늘에 이르기까지의 한국 여성의 교육적 상황을 살펴봄으로써 이 책의 의미를 더할 수 있을 것이다.

여성의 주체적 삶의 이해에 초점을 두고 성 관련 혼인제도와 혼외의 성풍속의 흐름을 다루었다. 많은 전통여성들은 비록 한계를 지닌 혼속일지라도 제도 안에서 주체적인 성적 태도를 보였고 나아가 제도권 밖에서 자기 주도적인 성적 자유와 일탈 행위를 드러냈다.

혼인제도에서 여성의 성적 주체성이 잘 드러난다. 남귀여가혼이라는 처가살이제도는 고려를 거쳐 조선 중기까지 광범위하게 지속된 혼인 방식이다. 그리고 조선은 중국과 달리 처가살이혼과 친영제를 절충한 반친영제를 시행하게 되었다. 근친혼은 유교에서는 금하는 성적 일탈로서 비판을 들으면서도 오랜 관습으로 존재해왔다. 여성들 가운데는 엄격한 적서차별의 처첩제에 대해서 강력한 저항의 의지를 보였다. 한편 도덕적 지탄과 사회적 제재를 받음에도 불구하고 제도를 벗어나는 여성들의 성적 자유가 지속되었는데, 이혼은 14세기까지도 여성들의 단점으로 인식되지 않아 이혼한 여성이 왕의 배필도 될 수 있었다. 조선의 많은 여성들은 열녀로서 표창받기보다는 자신의 행복을 찾아 재혼하기를 소망했다. 성적 자유와 유희를 가장 잘 보여주는 것은 간통이라 하겠는데, 서민 계층이나 사대부가는 물론 왕실 여성들에 이르기까지 그녀들의 간통은 근친부터 승려, 종에 이르는 다양한 남자들을 대상으로 이루어졌다.

오늘날 우리 사회는 왜곡된 성문화로 몸살을 앓고 있다.

원인을 진단하고 대안을 마련하기 위해서라도 보다 더 세밀한 섹슈얼리티 분석이 요구된다. 또한 성은 권력이라고도 한다. 성 모럴, 성 관련 풍습이 여성의 지위와 얼마나 상관성이 있는지도 따져보아야 할 것이다.

여성 연구의 궁극적인 목표는 여성들에 대한 이해 수준을 높이고, 여성이 갖는 가치를 적극 인정하는 것이라 본다. 젠더 연구적 시각에서 우리의 여성사를 보면 성 역할이 고정되어 있는 것만도 아니며, 사회적 신분 또는 생산적 활동의 측면에서 여성의 권리나 지위가 남성과 크게 차이가 난다는 증거도 찾기 어렵다.

신분별 측면에서 우리의 여성들은 나름대로 주체적 태도를 잘 드러낸다. 왕실의 여성들은 자신의 자리에서 역할을 다하고자 했고, 사대부가의 많은 여성들은 사회적 배려를 실천하면서 남편으로부터 '군자'로까지 불리며 존경을 받았다. 더구나 천민층의 여성에게서조차 주체적 존재 의식이 엿보이는 점은 도외시할 수 없다. 가계 계승이나 재산 상속 면에서도 중국에 비해 우리나라는 여성들의 권리가 만만치 않았다. 비록 조선 후기 여성의 법적 지위가 열악했으나 역할을 인식하고 책임을 다하려는 의지를 내보였던 여성들의 주체적 사고는 정신적 활동과 더불어 경제적 활동으로 적절히 나타났다. 다시 말해 여성들은 가사에만 구속되지 않고 활발하고 다양하게 경제활동을 펼쳐나감으로서 여성주의 비평의 입장에서 지적하는 여성 억압이나 비하와 달리 우리 여성들에게는 일정한 권리와 지위가 있었다.

여성주의는 오랜 세월에 걸쳐 성별(젠더) 평등과 가부장적 성 역할의 해체를 위해 힘써왔으며 지금도 완전한 남녀평등을 이루고자 애쓰고 있다. 이 책이 한국 여성의 자유와 평등을 진작시키는 데 목표를 두고 역사적 실체를 이해하는 단초가 될 수 있길 기대한다.

주체적 삶, 전통여성